Libellus

Cicero

Laelius de amicitia

von Martin Biastoch

Ernst Klett Verlag
Stuttgart · Leipzig · Dortmund

Bildquellennachweis

Cover Thinkstock (Comstock), München; **6** iStockphoto (Bertrand Benoit), Calgary, Alberta; **9** Getty Images RF (Dorling Kindersley RF), München; **11** Fotolia LLC (Stefanos Kyriazis), New York; **16** iStockphoto (Snezana Negovanovic), Calgary, Alberta; **20** Fotolia LLC (Jean-Jacques Cordier), New York; **27.1** Wikimedia Foundation Inc. (PD), St. Petersburg FL; **38** Corbis (Philadelphia Museum of Art), Düsseldorf; **42** Picture-Alliance, Frankfurt; **46** BPK (Scala), Berlin; **48** AKG, Berlin; **54** SCALA GROUP S.p.A., Antella (Firenze); **56** iStockphoto (Ismail Akin Bostanci), Calgary, Alberta; **60** Corbis (Ken Welsh), Düsseldorf; **63** Ullstein Bild GmbH (Imagebroker. net), Berlin; **65** Ullstein Bild GmbH (Imagebroker. net), Berlin; **67** Wikimedia Foundation Inc. (cc_by_sa_3_Hannibal21), St. Petersburg FL

1. Auflage 1 7 6 5 4 3 | 29 28 27 26 25

Autor: Dr. Martin Biastoch, Göttingen
Redaktion: Dr. Bettina Kratz-Ritter, Göttingen

Gestaltung: Jens-Peter Becker, Schwäbisch Gmünd
Herstellung: Thomas Gremmelspacher, Fotosatz Kaufmann, Stuttgart
Druck: Digitaldruck Tebben GmbH, Biessenhofen

Printed in Germany
ISBN 978-3-12-623166-4

Inhalt

Vokabelboxen

In den hellblauen Vokabelboxen ist der **Grundwortschatz** mager und schwarz, der **Lernwortschatz** **fett** und **blau** gekennzeichnet.

Beispiel:

memor, memoris	sich an etwas / jmd. erinnernd
memoriae mandāre	**auswendig lernen**

Vokabeltrainer (→ S. 70)
Im Internet finden Sie die Software für den Vokabeltrainer.
Einfach auf **www.klett.de** gehen und **623166-0001** in das Suchfeld eingeben.

Die Mediencodes verweisen ausschließlich auf optionale Unterrichtsmaterialien; sie unterliegen nicht dem staatlichen Zulassungsverfahren.

Vorwort

Liebe Schülerinnen und Schüler,

Freunde zu haben ist ganz wichtig. Da wird wohl jeder zustimmen. Jeder möchte gute Freunde haben. Viele haben einen besten Freund oder eine beste Freundin. Wahrscheinlich kennen viele das Gefühl, sich auf einen Freund verlassen zu können, ihm oder ihr etwas anvertrauen zu können, dem Freund beistehen zu können, ihm zu helfen oder von ihm oder ihr selbst Unterstützung zu erfahren. Freundschaft ist offenbar sehr weit verbreitet.

Freundschaft kommt aber selten von allein und Freunde fallen nicht vom Himmel. Wie finde ich Freunde, also echte, wirkliche Freunde? Gibt es Kriterien, nach denen man sich seine Freunde aussuchen kann? Könnte man mit jedem Menschen befreundet sein? Können Freundschaften lebenslang halten? Und wenn ja, unter welchen Voraussetzungen? Gibt es auch falsche Freunde? Wie kann man sie erkennen? Diese und andere Fragen haben sich schon in der Antike Menschen gestellt, weil Freundschaft offenbar ein zeitloses Phänomen ist. Deswegen lohnt es sich, einen über 2000 Jahre alten Dialog aus der Feder eines umfassend gebildeten Menschen über die Freundschaft zu lesen, in dem echte Freunde das Phänomen der Freundschaft philosophisch erörtern.

Bei der Lektüre und in der eigenen interpretatorischen Auseinandersetzung mit den Gedanken Ciceros können Sie dem zutiefst menschlichen Phänomen der Freundschaft auf den Grund gehen. Vielleicht stellen Sie dabei fest, dass sich vieles in zwischenmenschlichen Beziehungen seit Cicero geändert hat, vielleicht aber auch nicht. Jedenfalls dürfte klar sein, dass der hier verwendete Begriff „Freund" wohl nicht dem Begriff des „Freundes" in den sozialen Netzwerken des inzwischen nicht mehr neuen Mediums Internet gleichzusetzen ist - oder doch?

Eine Reihe von Materialien ergänzen den Originaltext: Bilder, Song-Texte, Gedichte und Sprüche bekannter Autoren zum Thema Freundschaft regen zu weiterer Interpretation an. Denn bei der Interpretation können Sie immer Ihre eigene Erfahrung einbringen und dabei miteinander über Freundschaft reden. Vielleicht liegt auch darin der Beginn einer großen Freundschaft.

Alle Aufgaben sind kompetenzorientiert. Daher sollten Sie vor der Bearbeitung des lateinischen Textes die einleitenden Arbeitsaufträge erledigen, damit Sie auf die Lektüre grammatisch und inhaltlich bestens vorbereitet sind.

Eine interessante Lektüre mit neuen Erfahrungen und Erkenntnisse über ein zentrales Thema wünscht

Martin Biastoch

Grundwissen

1 Marcus Tullius Cicero: Biografisches

Marcus Tullius Cicero wurde im Jahre 106 v. Chr. in Arpinum, einer Kleinstadt südöstlich von Rom, geboren. Seine Familie gehörte zur örtlichen Aristokratie. Da die Einwohner von Arpinum das römische Bürgerrecht besaßen, zählte Ciceros Familie aufgrund ihres Vermögens zum römischen Ritterstand. So konnte der junge Marcus eine hervorragende Ausbildung genießen, zunächst in Rom, später dann auch in Athen, der damaligen Weltstadt des Wissens, und auf der Insel Rhodos. Wieder in Rom, schloss er sich, um seine juristischen Kenntnisse weiter zu vertiefen, in den achtziger Jahren des ersten vorchristlichen Jahrhunderts dem berühmten Juristen Quintus Mucius Scaevola und dessen gleichnamigem Neffen an.
Es folgten erste juristische Erfolge bei Prozessen. Im Laufe der Jahre bekleidete Cicero verschiedene Staatsämter, bis er im Jahre 63 v. Chr. Konsul wurde. Als Höhepunkt seiner Tätigkeit betrachtete er selbst die Aufdeckung eines Staatsstreiches und die von ihm veranlasste Hinrichtung der Verschwörer. Da die Hinrichtung dieser Verschwörer ohne einen Prozess erfolgt war, bot Cicero nun selbst Angriffsfläche für seine Gegner. So wurde er im Jahre 58 v. Chr. in die Verbannung geschickt. Zwar wurde er einige Monate später wieder begnadigt und kehrte zurück nach Rom, aber seinen früheren politischen Einfluss konnte er nicht zurückgewinnen. Deswegen widmete er sich der philosophischen Schriftstellerei.
Dank seiner hervorragenden Vertrautheit mit der griechischen Philosophie und seiner tiefen Verwurzelung in den Wertbegriffen der römischen Republik gelang es ihm, zentrale Begriffe und Gedanken der griechischen Philosophie in die lateinische Sprache zu übertragen.
Im Machtkampf zwischen Pompeius und Cäsar stellte er sich auf die Seite des späteren Verlierers. Auch nach Caesars Ermordung im Jahre 44 v. Chr. versuchte er mit seinen berühmten Reden gegen Marcus Antonius, bekannt unter dem Namen „Philippika", die alte römische Republik zu retten. Aber die Erben Caesars kannten keine Gnade. Sie ließen ihn hinrichten.

2 Cicero als philosophischer Schriftsteller

Seit seiner Jugendzeit brachte Cicero der griechischen Philosophie großes Interesse entgegen. Selbstverständlich hat er auch klassische Texte der großen Philosophen im griechischen Original gelesen. So hat sich Cicero umfassende Kenntnisse in verschiedenen Richtungen der hellenistischen Philosophie angeeignet. Als er in Athen studierte, besuchte er Lehrveranstaltungen unterschiedlicher philosophischer Richtungen. Die Philosophen, mit denen er sich auseinandersetzte, gehörten zu der einst von Platon gegründeten Akademie, zu dem von Aristoteles gegründeten Peripatos, waren Stoiker und Epikureer. Insbesondere Antiochos von Askalon, der diese verschiedenen philosophischen Richtungen in Einklang zu bringen versuchte, hatte großen Einfluss auf ihn. Auch der griechische Philosoph Poseidonios, den Cicero auf der Insel Rhodos hörte, beeindruckte ihn tief. Auf dieser Grundlage hat er im Laufe vieler Jahre als erster Römer zahlreiche philosophische Bücher zu verschiedenen Themen in lateinischer Sprache verfasst. Dabei ging es

ihm darum, die griechische Philosophie mit dem römischen Denken zu verbinden.
Cicero begann seine philosophischer Schriftstellerei 57 v. Chr. nach seiner Rückkehr aus der Verbannung, als er zwar wieder in Rom leben durfte, politisch aber kalt gestellt war. Hier nun hatte er Muße für diese Tätigkeit.
Cicero hat in seinen Büchern ethische, staatstheoretische, historische, rhetorische, moralische, theologische und metaphysische Fragen behandelt. Die Titel seiner philosophischen Werke lauten unter anderem: *de oratore, de re publica, de legibus, de officiis, de finibus, de senectute* und auch *de amicitia*. Genau wie ihre griechischen Vorbilder sind sie in Dialogform gestaltet.
Mit diesen Büchern führte Cicero die griechische Philosophie in Rom ein. Die griechischen Fachausdrücke übersetzte er in die lateinische Sprache und schuf damit das sprachliche Fundament für die geistige Weiterentwicklung der lateinischsprachigen Hälfte des römischen Weltreiches.

Zur Vertiefung

1 Arbeiten Sie aus einem Lexikon zur Philosophie heraus, wann die im Text genannten philosophischen Schulen entstanden sind und was sie voneinander unterschied.

2 Nennen Sie die Titel und Themen der wichtigsten Werke von Platon und Aristoteles.

3 Laelius und die anderen Teilnehmer des Gesprächs

Diesen Dialog über die Freundschaft hat Cicero seinem lebenslangen Freund Titus Pomponius Atticus gewidmet. Entstanden ist das Buch nach Caesars Ermordung im politisch sehr unruhigen Frühjahr des Jahres 44 v. Chr., doch tauchen Pomponius und Cicero selbst nicht als Gesprächspartner auf. Vielmehr legt Cicero das Gespräch prominenten Persönlichkeiten der Vergangenheit in den Mund. Dafür verlegt er den Dialog in das – politisch wegen der umstrittenen Agrarreformen der Gracchen und der mutmaßlichen Ermordung des Scipio – ebenfalls sehr unruhige Jahr 129 v. Chr., als sein eigener hochverehrter Lehrer Mucius Scaevola noch ein junger Mann war und gerade geheiratet hatte. Von ihm will Cicero Jahrzehnte später den Inhalt des Gespräches über die Freundschaft erfahren haben.
In Ciceros literarischer Fiktion soll dieses Gespräch in der Villa des hochangesehenen Intellektuellen Gaius Laelius Sapiens wenige Tage nach dem plötzlichen Tode seines Freundes Scipio Africanus stattgefunden haben. Weitere Gesprächsteilnehmer waren die beiden Schwiegersöhne des Laelius: Gaius Fannius und der schon erwähnte Quintus Mucius Scaevola Augur. Das Gespräch führt uns also hinein in die höchsten Kreise der römischen Aristokratie und gewährt auch Einblicke in ihre Lebensgewohnheiten, Einstellungen und Wertvorstellungen. Die enge Verbundenheit der Gesprächsteilnehmer erlaubt einen heiteren und offenen Umgang miteinander. Hier wird Philosophie im Plauderton betrieben, ohne dass der Tiefgang der Gedanken verloren geht.
Die Hauptfigur dieses Dialoges ist Laelius, denn er führt das Wort. Die anderen, jüngeren Gesprächsteilnehmer stellen Fragen zum Thema oder bestätigen die Aussagen und Thesen des Laelius. Ciceros literarisches Vorbild war hier vor allem Platon, der seine Philosophie in der literarischen Form des Dialogs entwickelte.
Laelius und Fannius waren als hohe Offiziere im 3. Punischen Krieg am Sieg über die Punier und an der Zerstörung von Karthago beteiligt, Scaevola entstammte einer bedeutenden Juristenfamilie Roms, war selbst ausgezeichneter Rechtsgelehrter und einst Lehrer des Pomponius und Cicero gewesen. Somit setzt Cicero mit dieser Schrift der Freundschaft zwischen Laelius und Scipio ein Denkmal, meint damit aber auch seine eigene Freundschaft zu Pomponius. Und er setzt seinem Lehrer Scaevola ein literarisches Denkmal, das bis heute fortwirkt.

1 Widmung und Anlass der Schrift

Cicero schreibt hier über seine Jugendzeit, seine Vorbilder und Freunde. Es sind sehr bedeutende Persönlichkeiten, mit denen er von jung auf freundschaftlichen Umgang pflegte. Im zweiten Abschnitt spricht er seinen besten Freund Titus Pomponius Atticus an, dem dieses Buch gewidmet ist.

Sprachliche und inhaltliche Erschließung

1 Erstellen Sie mit Hilfe eines Lexikons Kurzbiographien der im Text genannten Persönlichkeiten.
2 Beschreiben Sie, in welchem Verhältnis diese Persönlichkeiten zu Cicero standen.
3 Markieren Sie in den Hauptsätzen alle Subjekte und Prädikate.
4 Wiederholen Sie die Bedeutung des Perfektes und des Imperfektes.
5 Interpretieren Sie hier den Tempusgebrauch in den Hauptsätzen.

Cicero, Laelius de amicitia 1–3

1 Q. Mucius augur multa narrare de C. Laelio socero suo memoriter et iucunde solebat nec dubitare illum in omni sermone appellare sapientem; ego autem a patre ita eram deductus ad Scaevolam sumpta virili toga[1], ut, quoad possem et liceret, a senis latere numquam discederem; itaque multa ab eo prudenter disputata, multa etiam breviter et commode dicta memoriae mandabam fierique studebam eius prudentia doctior. Quo mortuo me ad pontificem Scaevolam contuli, quem unum nostrae civitatis et ingenio et iustitia praestantissimum audeo dicere. Sed de hoc alias; nunc redeo ad augurem.

2 Cum saepe multa, tum memini domi in hemicyclio sedentem, ut solebat, cum et ego essem una et pauci admodum familiares, in eum sermonem illum incidere, qui tum forte multis erat in ore[2]. Meministi enim profecto, Attice, et eo magis, quod P. Sulpicio utebare[3] multum, cum is tribunus plebis capitali odio a Q. Pompeio, qui tum erat consul, dissideret, quocum coniunctissime et amantissime vixerat, quanta esset hominum vel admiratio vel querella.

3 Itaque tum Scaevola, cum in eam ipsam mentionem incidisset, exposuit nobis sermonem Laeli de amicitia habitum ab illo secum et cum altero genero, C. Fannio Marci filio, paucis diebus post mortem Africani. Eius disputationis sententias memoriae mandavi, quas hoc libro exposui arbitratu meo.

augur, auguris *m.* Seher, Vogelschauer
socer, socerī *m.* Schwiegervater
virīlis toga *f.* die Männertoga
multa *n. Pl.* viel
pontifex, pontificis *m.* Pontifex
aliās zu einer anderen Zeit
saepe multa sehr oft
hēmicyclium, -ī *n.* Lehnsessel
paucī admodum familiāres sehr wenige Vetraute
in ōre esse in aller Munde sein
dissidere ā in Feindschaft geraten mit
gener, generī *m.* Schwiegersohn

1 **sumptā togā** *Abl. abs.* nach Anlegen der Toga – 2 **multīs erat in ōre** er war in aller Munde – 3 **utebāre = utebāris**

Analyse und Interpretation

6 Arbeiten Sie heraus, mit welchen Worten Cicero die genannten Personen charakterisiert.

7 Fassen Sie zusammen, was Cicero hier über sich selbst sagt.

GRUND- UND LERNWORTSCHATZ

memor, memoris	sich an etwas / jmd. erinnernd
sermō, sermōnis *m.*	das Gespräch, die Unterhaltung, das Sprechen
latus, lateris *n.*	Seite
memoriae mandāre	auswendig lernen
prūdēns, prūdentis	wissentlich, klug, absichtlich
commodus, -a, -um	angemessen, passend, vollständig
cum ... tum	und wenn schon ... dann besonders
ūti, ūtor, ūsus sum *m. Abl.*	gebrauchen
capitālis, capitāle	Lebens... / Todes...
querēlla, querēllae *f.*	Klage, Beschwerde
mentiō, mentiōnis *f.*	Erwähnung, Erinnerung, Anregung
meminisse	sich erinnern, gedenken
vel ... vel	teils ... teils
disputātio, disputātiōnis *f.*	(philosophisches) Streitgespräch, (wissenschaftliche) Untersuchung
arbitrātus, arbitrātūs *m.*	Belieben, Meinung

Die Toga

Die Toga war ein großes Kleidungsstück aus Wolle. Sie war etwa 6 m lang und 2,5 m breit und wurde so getragen wurde, dass man die eine Ecke über die linke Schulter nach vorn warf, den oberen Rand über den Rücken zog und die andere Ecke unter dem rechten Arm durchzog. So blieb dieser frei. Ein junger Mann wurde mit dem ersten Anlegen der Männertoga im Alter von etwa 16 Jahren gewissermaßen in die Welt der Erwachsenen aufgenommen.

2 Der praktische Wert der Freundschaft

2.1 Abgrenzung von griechischen Gelehrten

Griechische Gelehrte besaßen die Fähigkeit, in Gesellschaft spontan über ein beliebiges Thema sprechen zu können. Davon grenzt der Römer Laelius sich ab. Er möchte das Thema Freundschaft handfest angehen.

Sprachliche und inhaltliche Erschließung

1 Wiederholen Sie die Bedeutung der Adjektive *doctus*, *bonus*, *vivus* und *sapiens*.
2 Substantivieren Sie diese Adjektive und finden Sie dafür im Deutschen adäquate Begriffe.
3 Wiederholen Sie den Konjunktiv im Hauptsatz.

Cicero, Laelius de amicitia 17–18

17 *Laelius*: Ego vero non gravarer[1], si mihi ipse confiderem; nam et praeclara res est et sumus, ut dixit Fannius[2], otiosi. Sed quis ego sum? aut quae est in me facultas? Doctorum[3] est ista consuetudo, eaque[4] Graecorum, ut iis ponatur, de quo disputent, quamvis subito; magnum opus est egetque exercitatione non parva. Quam ob rem, quae disputari de amicitia possunt, ab eis censeo petatis, qui ista profitentur; ego vos hortari tantum possum, ut amicitiam omnibus rebus humanis anteponatis; nihil est enim tam naturae aptum, tam conveniens ad res vel secundas vel adversas.

18 Sed hoc primum sentio, nisi in bonis amicitiam esse non posse; neque id ad vivum reseco[5], ut illi qui haec subtilius disserunt, fortasse vere, sed ad communem utilitatem parum; negant enim quemquam esse virum bonum nisi sapientem. Sit ita sane; sed eam sapientiam interpretantur quam adhuc mortalis nemo est consecutus, nos autem ea quae sunt in usu vitaque communi, non ea quae finguntur aut optantur, spectare debemus.

ōtiōsus, -a, -um müßig, unbeschäftigt
doctus, -ī *m.* Philosoph

rēs humānae die irdischen Güter
aptus, -a,- um angebunden, gemäß

subtīlis, -is, -e genau

1 **non gravarer** ich würde nicht beschwert sein, es würde mir keine Schwierigkeiten bereiten – 2 **Fannius:** ein Geschichtsschreiber, der ein Zeitgenosse der Gesprächsteilnehmer war. – 3 *Genitiv mit esse:* Es ist ein typisches Kennzeichen von … – 4 **eaque** und zwar – 5 **ad vīvum resecāre** zu genau nehmen

GRUND- UND LERNWORTSCHATZ

cōnsuētūdō, cōnsuētūdinis *f.*	Gewohnheit
disputāre, disputō, disputāvī, disputātum	auseinandersetzen
egēre, egeō, eguī *m. Abl.*	brauchen, benötigen
profitēri, profiteor, professus sum	sich öffentlich bekennen zu, verkünden
antepōnere, antepōnō, anteposuī, antepositum	vorziehen
adversus, -a,-um	entgegenstehend
disserere, disserō, disseruī, dissertum	auseinandersetzen
ūtilitās, ūtilitātis *f.*	Nutzen, Vorteil
interpretāri, interpretor, interpretātus sum	deuten, erklären
quisquam, quaequam, quicquam	irgendjemand, irgendetwas
cōnsequi, cōnsequor, cōnsecūtus sum	verfolgen, erreichen
fingere, fingō, finxī, fictum	(ein-)bilden, formen

Analyse und Interpretation

4 Arbeiten Sie heraus, inwiefern der Römer sich von griechischen Gewohnheiten abgrenzt.

5 Formulieren Sie die Kernthesen des Laelius mit eigenen Worten.

6 Diskutieren Sie in Kleingruppen, ob es etwas in Ihrem Leben gibt, das Sie allen menschlichen Gütern vorziehen würden.

Was ist „typisch griechisch"? Die Athener Akademie der Wissenschaften wurde 1856 nach Plänen des dänischen Architekten Theophil Hansen von seinen deutschen Kollegen Ernst Ziller errichtet.

2.2 Freundschaft: Mehr als Nachbarschaft und Verwandtschaft

Freundschaft bedingt eine ganze Reihe weiterer Eigenschaften und Haltungen. Und allein aus räumlicher Nähe wird keine Freundschaft erwachsen: Auch wenn Wohlwollen vorhanden ist, reicht das noch nicht aus.

Sprachliche und inhaltliche Erschließung

1 Stellen Sie aus dem Text alle Substantive zum Wortfeld „Freundschaft" zusammen.
2 Was ist das Wichtigste im Leben? Stellen Sie mögliche Antworten zusammen und vergleichen Sie Ihre Antworten.

Cicero, Laelius de amicitia 19–20

---

19 Agamus igitur pingui, ut aiunt, Minerva[1]. Qui ita se gerunt, ita vivunt, ut eorum probetur fides, integritas, aequitas, liberalitas, nec sit in eis ulla cupiditas, libido, audacia, sintque magna constantia, ut ii fuerunt modo, quos nominavi, hos viros bonos, ut habiti sunt, sic etiam appellandos putemus[2], quia sequantur, quantum homines possunt, naturam optimam bene vivendi ducem. Sic enim mihi perspicere videor[3], ita natos esse nos, ut inter omnes esset societas quaedam, maior autem, ut quisque proxime accederet. Itaque cives potiores quam peregrini, propinqui quam alieni; cum his enim amicitiam natura ipsa peperit; sed ea non satis habet firmitatis. Namque hoc praestat amicitia propinquitati, quod ex propinquitate benevolentia tolli potest, ex amicitia non potest; sublata enim benevolentia amicitiae nomen tollitur, propinquitatis manet.

20 Quanta autem vis amicitiae sit, ex hoc intellegi maxime potest, quod ex infinita societate generis humani, quam conciliavit ipsa natura, ita contracta res est et adducta in angustum[4], ut omnis caritas aut inter duos aut inter paucos iungeretur. Est enim amicitia nihil aliud nisi omnium divinarum humanarumque rerum cum benevolentia et caritate consensio; qua quidem haud scio an excepta sapientia nihil melius homini sit a dis immortalibus datum. Divitias alii praeponunt, bonam alii valetudinem, alii potentiam, alii honores, multi etiam voluptates. Beluarum hoc quidem extremum, illa autem superiora caduca et incerta, posita non tam in consiliis nostris quam in fortunae temeritate. Qui autem in virtute summum bonum ponunt, praeclare illi quidem, sed haec ipsa virtus amicitiam et gignit et continet nec sine virtute amicitia esse ullo pacto potest.

ut āiunt wie man sagt

peregrīnus, -ī *m.* Ausländer

haud sciō an vielleicht

bēlua, -ae *f.* Tier

nec ullō pactō wirklich nicht

GRUND- UND LERNWORTSCHATZ

igitur	daher, also, demnach, folglich
perspicere, perspiciō, perspexi, perspectum	erkennen
quisque	jeder einzelne
potis, -e	im Stande, fähig
parere, pariō, peperī, partum	gebären, hervorbringen
propinquitās, -ātis *f.*	Nähe, Nachbarschaft, Verwandtschaft
īnfīnītus, -a, -um	unbegrenzt
conciliāre	vereinigen, verbinden
angustus, -a, -um	eng
dīvīnus, -a , -um	göttlich
praepōnere, praepōno, praeposuī, praepositum	vorziehen
cadūcus, -a, -um	fallend, gefallen
temeritās, -ātis, *f.*	Zufall
gīgnere, gigno, genuī, genitum	zeugen, gebären
valētūdō, -inis *f.*	Gesundheit
cāritās, -ātis *f.*	Liebe
cōnsēnsiō, -ōnis *f.*	Übereinstimmung, Einigkeit
benevolentia, -ae *f.*	Wohlwollen, Gewogenheit
integritās, -ātis *f.*	Redlichkeit
aequitās, -ātis *f.*	Geduld, Gleichmut
liberālitās, -ātis *f.*	edle Gesinnung, Güte
libīdō, libīdinis *f.*	Lust

1 **pinguī Minervā** mit schlichtem Menschenverstand – 2 **sīc etiam appellandōs putēmus** dass sie auch so bezeichnet werden müssen, dürften wir wohl glauben – 3 **mihi … videor** mir scheint (richtig) – 4 **contracta res est et adducta in angustum** die Freundschaft ist so weit zusammen zusammengeschnürt und auf engen Raum begrenzt

Analyse und Interpretation

3 Markieren Sie im Text Stilmittel und interpretieren Sie ihre Funktion.
4 Geben Sie den Text in eigenen Worten wieder.
5 Zeigen Sie auf, wie Cicero im Text den Begriff „Freundschaft" definiert.
6 *natura optima bene vivendi dux:* Erörtern Sie, was die Sentenz in der heutigen Zeit bedeuten kann.

2.3 Verschiedene Abstufungen der Freundschaft

In Abgrenzung zu den theorielastigen Ausführungen der griechischen Gelehrten über das unerreichbare Ideal der Freundschaft möchte Laelius die Freundschaft erörtern, die unter herausragenden Männern der jüngeren Vergangenheit herrscht(e). Hierbei geht er auf verschiedene Güter ein, die ein Mensch haben könne. Doch im Gegensatz dazu sei die wahre Freundschaft unabhängig von Raum und Zeit. Zudem helfe sie gerade in schwierigen Situation (res adversae).

Sprachliche und inhaltliche Erschließung

1 Informieren Sie sich über die im ersten Satz genannten Persönlichkeiten der römischen Oberschicht.
2 Berichten Sie kurz über den römischen Dichter Ennius und seine Bedeutung für die Römer.

21 Iam virtutem ex consuetudine vitae sermonisque nostri interpretemur nec eam, ut quidam docti, verborum magnificentia[1] metiamur virosque bonos eos, qui habentur, numeremus, Paulos, Catones, Galos, Scipiones, Philos; his communis vita contenta est; eos autem omittamus, qui omnino nusquam reperiuntur.

22 Talis igitur inter viros amicitia tantas opportunitates habet, quantas vix queo dicere[2]. Principio qui potest esse vita 'vitalis', ut ait Ennius, quae non in amici mutua benevolentia conquiescit? Quid dulcius quam habere quicum omnia audeas sic loqui ut tecum? Qui esset tantus fructus in prosperis rebus, nisi haberes, qui illis aeque ac tu ipse gauderet? Adversas vero ferre difficile esset sine eo, qui illas gravius etiam quam tu ferret. Denique ceterae res, quae expetuntur, opportunae sunt singulae rebus fere singulis, divitiae, ut utare[3], opes, ut colare[3], honores, ut laudere[3], voluptates, ut gaudeas, valetudo, ut dolore careas et muneribus fungare[3] corporis; amicitia res plurimas continet; quoquo te verteris, praesto est, nullo loco excluditur, numquam intempestiva, numquam molesta est; itaque non aqua, non igni, ut aiunt, locis pluribus utimur quam amicitia. Neque ego nunc de vulgari aut de mediocri, quae tamen ipsa et delectat et prodest, sed de vera et perfecta loquor, qualis eorum, qui pauci nominantur, fuit. Nam et secundas res splendidiores facit amicitia et adversas[4] partiens communicansque leviores.

cōnsuetūdō vītae gewohnte Lebensweise

Paulōs, Catōnēs, ... Männer wie Paulus, Cato, ...

Ennius röm. Dichter
vertere, vertō, vertī drehen, sich wenden, sich befinden
prosper, -a, -um erwünscht, günstig

ūtāre = ūtāris

quōquō wohin nur immer
praestō esse zugegen sein
intempestīvus, -a, -um ungelegen
molestus, -a, -um lästig

1 **verbōrum magnificentiā** in großartiger Ausdrucksweise – 2 **queō dīcere** ich kann sagen – 3 **ūtāre, colāre, laudēre, fungāre** *Nebenform für die 2. Sg. Konj. Passiv* – 4 **(rēs) adversae** Unglück

GRUND- UND LERNWORTSCHATZ

sermō, -ōnis *m.*	Rede, Gespräch
māgnificentia, -ae *f.*	**Herrlichkeit, Pracht, Großartigkeit**
mētīri, mētior, mēnsus sum	**messen, beurteilen**
omittere, omittō, omīsī, omissum	auslassen, nicht berücksichtigen
nusquam	**nirgends**
quīre, queō, quīvī, quitum	können, imstande sein
vītālis, vītāle	**lebenswert**
mūtuus, -a, -um	**gegenseitig**
conquiēscere, conquiēscō, conquiēvī, conquiētūrus	**zur Ruhe gehen, ausruhen, ruhen**
dulcis, -e	lieblich, angenehm
aequē	in gleicher Weise, ebenso
rēs adversae	**Unglück, schlechte Umstände**
rēs secundae	**Glück, glückliche Lebensbedingungen**
mūnus, -eris *n.*	Leistung, Gabe, Geschenk, Pflicht

Analyse und Interpretation

3 Arbeiten Sie heraus, welche sprachlichen Gestaltungsmittel Cicero verwendet, und erklären Sie sie.
4 Übersetzen Sie diesen Wahlspruch.
5 Finden Sie in den vier Worten dieses Wahlspruchs fünf Stilmittel.
6 Leiten Sie in einer Gruppenarbeit aus dem Wahlspruch konkrete Haltungen und Verhaltensweisen ab.

HOSTI FRONTEM,
PECTUS AMICO.

2.4 Freunde sind Ebenbilder

Bereits der griechische Philosoph Aristoteles äußerte den Gedanken, dass der wirkliche Freund ein zweites Ich sei, also ein Spiegelbild der eigenen Persönlichkeit. Cicero nimmt diesen Gedanken auf und formuliert ihn erstmals in lateinischer Sprache.

Sprachliche und inhaltliche Erschließung

1 Wiederholen Sie die Formenbildung der Deponentien.
2 Unterstreichen Sie im Text alle Deponentien.

Cicero, Laelius de amicitia 23–24

23 Cumque plurimas et maximas commoditates amicitia contineat, tum[1] illa nimirum praestat omnibus, quod bonam spem praelucet in posterum nec debilitari animos aut cadere patitur. Verum enim amicum qui intuetur, tamquam exemplar aliquod intuetur sui. Quocirca et absentes adsunt et egentes abundant et imbecilli valent et, quod difficilius dictu[2] est, mortui vivunt; tantus eos honos, memoria, desiderium prosequitur amicorum. Ex quo illorum beata mors videtur, horum vita laudabilis. Quod si exemeris[3] ex rerum natura benevolentiae coniunctionem, nec domus ulla nec urbs stare poterit, ne agri quidem cultus permanebit. Id si minus intellegitur, quanta vis amicitiae concordiaeque sit, ex dissensionibus atque ex discordiis percipi potest. Quae enim domus tam stabilis, quae tam firma civitas est, quae non odiis et discidiis funditus possit everti? Ex quo quantum boni sit in amicitia iudicari potest.
24 (…) Hactenus mihi videor de amicitia, quid sentirem, potuisse dicere; si quae praeterea sunt[4] (credo autem esse multa), ab iis, si videbitur, qui ista disputant, quaeritote[5].[6]

commoditās, -ātis *f.* Annehmlichkeit, Vorteil
nīmīrum allerdings, nämlich, freilich, natürlich
egēns, egentis kärglich, arm, bedürftig
imbēcillus, -a, -um mutlos, bedeutungslos, körperlich schwach
quōcircā daher, deswegen
discidium, -iī *n.* Trennung, Scheidung
funditus *Adv.* von Grund auf
hāctenus soweit, bis jetzt, bis hierher
vidētur es scheint ratsam

1 **cum … tum** wenn schon, … dann besonders – 2 **difficilius est dictū** *(Supinum II)* es ist schwieriger zu sagen – 3 **exēmeris** *2. Sg. Fut. II, im Deutschen besser mit Präsens wiedergeben.* – 4 **sī (ali)quae praeterea sunt** Wenn es darüber hinaus noch irgendwelche Gesichtspunkte gibt – 5 **quaeritōte** *(Plural des Imperativs II) übersetze:* fragt doch bitte. – 6 *Es folgen – wie schon am Beginn von c. 24 – auch in c. 25 einige mythisch-literarische und historische Beispiele sowie ein Wortwechsel zwischen Strabo und Scaevola zur Eingrenzung des Themas.*

GRUND- UND LERNWORTSCHATZ

in posterum	für die Zukunft, in Zukunft
dēbilitāre, dēbilitō, dēbilitāvī, dēbilitātum	schwächen, beschädigen, verletzen
pati, patior, passus sum	zulassen, erlauben, erleiden
intuēri, intueor, intuitus sum	ansehen, betrachten
dēsīderium, -iī *n.*	Sehnsucht, Verlangen, Wunsch
prōsequi, prōsequor, prōsecūtus sum	begleiten, verfolgen, widmen
eximere, eximō, exēmī, exemptum	wegnehmen, entziehen
permanēre, permaneo, permānsi, permānsum	verbleiben,verharren
dissēnsio, -iōnis *f.*	Streit, Uneinigkeit, Meinungsverschiedenheit
discordia, -ae *f.*	Uneinigkeit
firmus, -a, -um	fest, stark, zuverlässig, sicher
odium, -iī *n.*	Abneigung, Hass
ēvertere, ēvertō, ēvertī, ēversum	umstürzen, zerstören, umdrehen
disputāre, disputō, disputāvī, disputātum	erörtern, diskutieren

Analyse und Interpretation

3 Setzen Sie den Kerngedanken dieses Textes zeichnerisch um.
4 Formulieren Sie eine diesem Text widersprechende Position.
5 Vergleichen Sie nun Ihre Ergebnisse aus Aufgabe 4 und diskutieren Sie sie.

Der griechische Philosoph Aristoteles (384–322 v. Chr.), Schüler Platons und Lehrer Alexanders der Großen, gilt als Begründer des wissenschaftlichen Denkens in Europa. Diese Skulptur stammt aus dem 19. Jahrhundert.

Ursprung der Freundschaft

3.1 Zwei Arten von Freundschaft

Erzeugen Hilflosigkeit und Schwäche Freundschaft?

Cicero stellt zwei Arten von Freundschaft gegenüber. Einerseits eine Freundschaft zum Nutzen, die aus Schaden entsteht, andererseits die wahre Freundschaft aus Liebe und Wohlwollen. Die Freundschaft, die von Herzen kommt und nicht nur einem bestimmten Zweck dient, wird näher charakterisiert und mit der Liebe unter Tieren verglichen, insbesondere der Liebe zwischen Eltern und ihren Jungen.

Sprachliche und inhaltliche Erschließung

1 Stellen Sie aus dem Text Worte oder Satzbausteine mit gegensätzlicher Bedeutung zusammen.
2 Wiederholen Sie die nd-Formen, ihre Verwendungs- und Übersetzungsmöglichkeiten.
3 Charakterisieren Sie die Unterschiede zwischen PPA und PPP.

Cicero, Laelius de amicitia 26–27

26 *Laelius:* (…) Saepissime igitur mihi de amicitia cogitanti[1] maxime illud considerandum videri solet, utrum propter imbecillitatem atque inopiam desiderata sit amicitia, ut dandis recipiendisque meritis, quod quisque minus per se ipse posset, id acciperet ab alio vicissimque redderet, an esset hoc quidem proprium[2] amicitiae, sed antiquior et pulchrior et magis a natura ipsa profecta alia causa. Amor enim, ex quo amicitia nominata est, princeps est ad benevolentiam coniungendam[3]. Nam utilitates quidem etiam ab iis percipiuntur saepe, qui simulatione amicitiae coluntur et observantur temporis causa, in amicitia autem nihil fictum est, nihil simulatum et, quidquid est, id est verum et voluntarium.

27 Quapropter a natura mihi videtur potius quam ab indigentia orta amicitia, applicatione magis animi cum quodam sensu amandi quam cogitatione, quantum illa res utilitatis esset habitura[4]. Quod quidem quale sit, etiam in bestiis quibusdam animadverti potest, quae ex se natos ita amant ad quoddam tempus et ab eis ita amantur, ut facile earum sensus appareat.

meritum, -ī *n.* Verdienst

proprium, -ī *n.* das Eigentümliche

prīnceps, prīncipis besonders notwendig

percipere wahrnehmen

voluntārius, -a, um freiwillig

indigentia, -ae *f.* Not

applicātio, -ōnis *f.* Zuneigung

cogitātiō, -ōnis *f.* Berechnung

Quod in homine multo est evidentius, primum ex ea caritate, quae est inter natos et parentes, quae dirimi nisi detestabili scelere non potest; deinde cum similis sensus exstitit amoris, si aliquem nacti sumus, cuius cum moribus et natura congruamus, quod in eo quasi lumen aliquod probitatis et virtutis perspicere videamur.

ēvidēns, ēvidentis einleuchtend
probitās, -ātis *f.* Rechtschaffenheit
dirimere trennen
dētēstābilis, -e abscheulich

1 **Saepissime igitur mihi … cogitanti** je öfter ich nachdenke über – 2 **proprium amicitiae** ein Charakteristikum der Freundschaft – 3 **ad benevolentiam coniungendam** für die Herstellung von Wohlwollen – 4 **habitūra** PFA von **habēre**

GRUND- UND LERNWORTSCHATZ

imbēcillitās, -ātis *f.*	Schwäche
mihi … solet	ich bin es gewohnt
vicissim	andererseits, wiederum
potius	vielmehr, eher, lieber
nancīsci, nanciscor, na(n)ctus sum	zufällig erreichen, finden

Analyse und Interpretation

4 Klären Sie mit Hilfe eines Wörterbuches die Etymologie des Begriffes *amicitia.*
5 Vergleichen Sie das Wortpaar *amicus / amicitia* mit den deutschen Begriffen Freund/Freundschaft.
6 Stellen Sie Redewendungen zusammen, die die Begriffe Freund / Freundschaft enthalten und diskutieren Sie deren Bedeutung.
7 Hat Freundshaft seelische oder körperliche Auswirkungen? Versuchen Sie, einen entsprechenden Essay zu entwerfen oder auszuformulieren.
8 In einer psychologischen Fachzeitschrift wird behauptet, dass Freundschaften, in denen man einander nahe ist und vorbehaltlos vertraut, nicht nur die Lebensqualität, sondern auch Psyche und Gesundheit verbessern können: Echte Freunde wirken demnach regelrecht lebensverlängernd.
Schreiben Sie einen Essay dazu!

3.2 Freundschaft durch Liebe, Tugend und Redlichkeit

Falsche Ansichten über die Entstehung von Freundschaft

Als Beispiele für Freundschaft führt Laelius Gestalten der mythischen Frühzeit und der jüngeren römischen Geschichte an, um zu belegen, dass man freundschaftliche Gefühle zu Personen hegen kann, die man niemals gesehen hat. Als Gegenbeispiel dient ihm u.a. Hannibal (ca. 246–183 v. Chr.), den noch immer jeder Römer hasse, ohne ihn persönlich gekannt zu haben.

Sprachliche und inhaltliche Erschließung

1 Wiederholen Sie die Übersetzungsmöglichkeiten des sogenannten Ablativus absolutus.
2 Steigern Sie die Adjektive *magnus*, *bonus* und *parvus*.

28 Nihil est enim virtute amabilius, nihil, quod magis adliciat ad diligendum, quippe cum propter virtutem et probitatem etiam eos, quos numquam vidimus, quodam modo diligamus. (...)

29 Quod si tanta vis probitatis est, ut eam vel in iis[1], quos numquam vidimus, vel, quod maius est, in hoste etiam diligamus, quid mirum est, si animi hominum moveantur, cum eorum, quibuscum usu coniuncti esse possunt, virtutem et bonitatem perspicere videantur? Quamquam confirmatur amor et beneficio accepto[2] et studio perspecto[2] et consuetudine adiuncta[2], quibus rebus ad illum primum motum animi et amoris adhibitis admirabilis quaedam exardescit benevolentiae magnitudo. Quam si qui[3] putant ab imbecillitate proficisci, ut sit, per quem adsequatur, quod quisque desideret, humilem sane relinquunt et minime generosum, ut ita dicam, ortum amicitiae, quam ex inopia atque indigentia natam volunt. Quod si ita esset, ut quisque minimum esse in se arbitraretur, ita ad amicitiam esset aptissimus; quod longe secus est.

adhibēre hinzuziehen
exardēscere entbrennen
adsequi einholen
generōsus, -a, -um vornehm, adlig geboren
ortus, -ūs *m.* Ursprung, Anfang
indigentia, -ae *f.* Bedürfnis
aptus, -a, -um passend
secus *Adv.* anders

1 **in iīs, quōs** bei den Personen, die – 2 **et beneficiō acceptō et studiō perspectō et consuetūdine adiunctā** *drei ablativi absoluti hintereinander!* – 3 **sī (ali)qui** wenn irgendwelche Leute glauben

GRUND- UND LERNWORTSCHATZ

amābilis, -e *Adv.*	liebenswürdig
magis *Adv.*	viel mehr, mehr
adlicere (=allicere), adliciō, allēxī, allectum	anlocken, anziehen
probitās, -tātis *f.*	Redlichkeit, Anständigkeit
mīrus, -a,- um	verwunderlich, erstaunlich
perspicere, perspiciō, perspexī, perspectum	durchschauen
beneficium, -iī *n.*	Wohltat
cōnsuētūdō, -dinis *f.*	Gewohnheit, Brauch, täglicher Umgang
admīrābilis, -e	bewundernswert
prōficīscī, prōficīscor, profectus sum	herkommen, entspringen
humilis, -e	niedrig
sānē *Adv.*	in der Tat
inopia, -ae *f.*	Mangel, Not, Armut
arbitrāri, arbitror, arbitrātus sum	meinen, glauben

Analyse und Interpretation

3 Erörtern Sie die Bedeutungsvielfalt des Begriffes *virtus*. Welche Rolle spielt sie in Ciceros Text?

4 Vergleichen Sie das Freundschaftsbild Ciceros mit Ihrem eigenen und tauschen Sie sich darüber aus.

5 Berühmt ist noch heute die Freundschaft zwischen Goethe und Schiller. Berichten Sie über das Verhältnis dieser beiden Dichter.

Das Goethe-Schiller-Denkmal vor dem Nationaltheater in Weimar

3.3 Wahre Freundschaft ist ohne Absicht

Laelius berichtet hier aus seiner persönlichen Erfahrung über seine Freundschaft zu Publius Cornelius Scipio Aemilianus Africanus minor Numantinus. Dann geht er dazu über, den Ursprung der Freundschaft in der Natur zu suchen.

Sprachliche und inhaltliche Erschließung

1 Erörtern Sie mit Hilfe eines Wörterbuches die Bedeutungswolke der Begriffe *virtus* und *sapientia*.

2 Schlagen Sie in einem Lexikon nach, was über den „Africanus" bekannt ist.

3 Stellen Sie dar, was die Freundschaft zwischen Laelius und Africanus ausmacht und was nicht.

Cicero, Laelius de amicitia 30–32

30 Ut enim quisque sibi plurimum confidit et ut quisque maxime virtute et sapientia sic munitus est, ut nullo egeat suaque omnia in se ipso posita iudicet, ita in amicitiis expetendis colendisque maxime excellit. Quid enim? Africanus indigens mei? Minime hercule!, ac ne ego quidem illius[1]; sed ego admiratione quadam virtutis eius, ille vicissim opinione fortasse non nulla, quam de meis moribus habebat, me dilexit; auxit benevolentiam consuetudo. Sed quamquam utilitates multae et magnae consecutae sunt, non sunt tamen ab earum spe causae diligendi profectae.

at plūrimum / ut maximē ... ita maximē *hier:* je mehr … desto mehr
mūnītus, -a, -um gefestigt
indigēre ermangeln, bedürfen

31 Ut enim benefici liberalesque sumus, non ut exigamus gratiam (neque enim beneficium faeneramur, sed natura propensi ad liberalitatem sumus), sic amicitiam non spe mercedis adducti, sed quod omnis eius fructus in ipso amore inest, expetendam putamus[2].

beneficus, -a, -um wohltätig
faenerāri gegen Zins ausleihen, vermieten
prōpēnsus ad (einer Sache) zugeneigt

32 (…) Intellegamus[3] natura gigni sensum diligendi et benevolentiae caritatem facta significatione probitatis. Quam qui adpetiverunt, applicant se et propius admovent, ut et usu[4] eius, quem diligere coeperunt, fruantur et moribus sintque pares in amore et aequales propensioresque ad bene merendum quam ad reposcendum, atque haec inter eos sit honesta certatio. Sic et utilitates ex amicitia maximae capientur et erit eius ortus a natura quam ab imbecillitate gravior et verior. Nam si utilitas amicitias conglutinaret, eadem commutata dissolveret; sed quia natura mutari non potest, idcirco verae amicitiae sempiternae sunt. Ortum quidem amicitiae videtis, nisi quid ad haec forte vultis.

cāritās,-ātis *f.* Hochachtung, Wertschätzung

aequālis, -e eben, gleich, gleichmäßig
prōpēnsus ad (einer Sache) zugeneigt

conglūtināre zusammensetzen
idcircō darum, deshalb
ortus,-ūs *m.* Anfang
ad haec dagegen (einwenden)

1 *ergänze* **indigēns** – 2 **amicītiam … expetendam putāmus** wir glauben, dass wir die Freundschaft anstreben müssen – 3 **intellegāmus** *Adhortativer Konjunktiv im Hauptsatz:* Laßt uns… – 4 **ūsū et mōribus frui** sich an dem Umgang und dem Charakter erfreuen

GRUND- UND LERNWORTSCHATZ

expetere, expetō, expetīvī, expetītum	nach etw. streben
excellere, excellō, –	hervorragen, sich auszeichnen
gīgnere, gīgnō, genuī, genitum	zeugen, gebären, hervorbringen
sēnsus, -ūs *m.*	Sinn, Empfindung, Eindruck
frui, fruor, fruitus (fructus) sum *m. Abl.*	nutzen, gebrauchen, bedienen
repōscere, repōscō	zurückfordern, zurückverlangen

Analyse und Interpretation

4 Analysieren und interpretieren Sie die Stilmittel des Textes.
5 Erstellen Sie gemeinsam eine Mindmap dazu, was Freundschaft heutzutage bedeutet.
6 Überlegen Sie, welche Spitznamen heutige Politiker haben könnten.

Friedrich Schiller, Ode an die Freude (1785, Auszug)

Freude, schöner Götterfunken,
Tochter aus Elysium,
wir betreten feuertrunken,
Himmlische, dein Heiligtum!
||: Deine Zauber binden wieder,
was die Mode streng geteilt;
alle Menschen werden Brüder,
wo dein sanfter Flügel weilt.:||

Wem der große Wurf gelungen,
eines Freundes Freund zu sein,
wer ein holdes Weib errungen,
mische seinen Jubel ein!
||: Ja, wer auch nur eine Seele
sein nennt auf dem Erdenrund!
Und wer's nie gekonnt, der stehle
weinend sich aus diesem Bund.:||

7 Arbeiten Sie heraus, welches Freundschaftsbild Schiller hier zum Ausdruck bringt.
8 Charakterisieren Sie, welche Bedeutung Schiller hier der Freude in menschlichen Beziehungen zuschreibt.

4 Freundschaft unter weisen Menschen

4.1 Freundschaft und biografische Veränderung

Laelius berichtet nun von wiederholten Gesprächen, die er früher mit seinem inzwischen verstorbenen Freund Scipio geführt hat. Hierbei geht er auch auf Gründe ein, warum zwischenmenschliche Beziehungen Veränderungen unterworfen sind.

Sprachliche und inhaltliche Erschließung

1 Erklären Sie, warum die Hauptsatzprädikate im Imperfekt stehen.
2 Leiten Sie daraus eine treffende Übersetzung des Imperfekts ab.
3 Beschreiben Sie Situationen, in denen aus Freundschaft Feindschaft *(inimicitia)* werden kann.

Cicero, Laelius de amicitia 33–34

33 *Laelius:* Audite vero, optimi viri, ea, quae saepissime inter me et Scipionem de amicitia disserebantur. Quamquam ille quidem nihil difficilius esse dicebat, quam amicitiam usque ad extremum vitae diem permanere. Nam vel[1] ut non idem expediret, incidere saepe, vel ut[1] de re publica non idem sentiretur; mutari etiam mores hominum saepe dicebat, alias[2] adversis rebus, alias[2] aetate ingravescente. Atque earum rerum exemplum ex similitudine capiebat ineuntis aetatis, quod summi puerorum amores saepe una cum praetexta toga[3] ponerentur[4].

34 Sin autem ad adulescentiam perduxissent[5], dirimi tamen interdum contentione vel uxoriae condicionis[6] vel commodi alicuius, quod idem adipisci uterque non posset. Quod si qui longius in amicitia provecti essent, tamen saepe labefactari, si in honoris contentionem incidissent; pestem enim nullam maiorem esse amicitiis quam in plerisque pecuniae cupiditatem, in optimis quibusque honoris certamen et gloriae; ex quo inimicitias maximas saepe inter amicissimos exstitisse.

quamquam *im HS* indessen
ūsque ad bis zum
expedīre nützlich sein
ingravēscere schwerfälliger werden
exemplum, ī *n.* Kopie, Beispiel
similitūdō, -dinis *f.* Ähnlichkeit, Gleichartigkeit
adulēscentia, ae *f.* Jugendzeit
interdum manchmal
labefactāre wankend machen, erschüttern
honor, honōris *m.* Ehrenamt

1 **vel ut … vel ut** entweder, dass …oder dass – 2 **aliās … aliās** bald … bald – 3 **praetexta toga** Jungentoga mit Purpurstreifen (bis zum 17. Lebensjahr getragen) – 4 **pōnerentur** *hier* ablegen, ausziehen – 5 (*erg.* **amicitiam**) **perduxīssent** Das Subjekt sind zwei heranwachsende Freunde – 6 **uxōria condiciō** eine Heiratsabmachung, ein Liebesverhältnis

Analyse und Interpretation

4 Erklären Sie unter Einbeziehung des Schaubildes unten den Begriff *honoris certamen et gloriae*.
5 Interpretieren Sie die Anrede in Zeile 1 vor dem Hintergrund des zweiten Abschnittes.
6 Erörtern Sie in Kleingruppen, welche Erfahrungen Sie mit zu Ende gegangener Freundschaft gemacht haben.

GRUND- UND LERNWORTSCHATZ

saepe, saepius, saepissimē *Adv.*	oft
disserere, disserō, disseruī, dissertum	erörtern, besprechen
sentīre, sentiō, sēnsī, sēnsum	wahrnehmen, fühlen
permanēre, permaneō, permānsī, permānsum	verbleiben, verharren
aetās, aetātis *f.*	Alter, Leben, Lebenszeit
inīre, ineō, iniī (inivī), inītus	einziehen, anfangen
contentiō, contentiōnis *f.*	Streit, Wettkampf
adipīsci, adipīscor, adeptus sum	einholen, erhalten
prōvehi, prōvehor, provectus sum	hinausfahren, zu weit gehen, vorrücken
plerusque, pleraque, plerumque	*Sing.* sehr viel, der größte; *Pl.* die meisten
cupiditās, cupiditātis *f.*	Verlangen, Gier, Leidenschaft
certāmen, certāminis *n.*	Wettkampf, Schlacht
inimicītia, inimicītiae *f.*	Feindschaft

Die Ämterlaufbahn in der römischen Republik

Mindestalter	Amt	Aufgaben
43	consul (Konsul)	Die beiden Konsuln sind die die obersten Magistrate und die Leiter des Heeres.
40	praetor (Prätor)	Vertretung der Konsuln, Rechtssprechung, Provinzverwaltung nach Ablauf der Amtszeit
37	aedilis (Ädil)	Sicherheit, Bauaufsicht, Verkehr in Rom, Kultstätten, öffentliche Spiele, Nahrungsmittelversorgung
30	quaestor (Quästor)	Verwaltung der Staatskasse, Unterstützung des Statthalters bei der Provinzverwaltung

Amtsdauer: jeweils ein Jahr, bei der Provinzverwaltung auch länger

4.2 Freundschaft und Unrecht

Laelius referiert weiter aus seinen Unterhaltungen mit Scipio Africanus. Er berichtet in indirekter Rede, welche Probleme dieser sah, die dann entstehen, wenn man von seinem Freund etwas Unrechtes verlangt. Denn stets das Richtige zu tun, sei eine unabdingbare Notwendigkeit für einen wirklichen Mann, der über *virtus* verfüge.

Sprachliche und inhaltliche Erschließung

1 Wiederholen Sie die Grammatik zur indirekten Rede.
2 Unterstreichen Sie alle passiven Infinitive. Welche sind (Semi-)Deponentien?
3 Beschreiben Sie Situationen, in denen eine Freundschaft auf die Probe gestellt ist.

Cicero, Laelius de amicitia 35–38

35 Magna etiam discidia et plerumque iusta nasci, cum aliquid ab amicis, quod rectum non esset, postularetur, ut aut libidinis ministri aut adiutores essent ad iniuriam; quod qui[1] recusarent, quamvis honeste id facerent, ius tamen amicitiae deserere arguerentur ab iis, quibus obsequi nollent. Illos autem, qui quidvis[2] ab amico auderent postulare, postulatione ipsa profiteri omnia se amici causa esse facturos. Eorum querella inveteratas non modo familiaritates exstingui solere, sed odia etiam gigni sempiterna. Haec ita multa quasi fata impendere amicitiis, ut omnia subterfugere non modo sapientiae, sed etiam felicitatis diceret sibi videri.[3] 36 Quam ob rem id primum videamus, si placet, quatenus amor in amicitia progredi debeat. (…)
37 (…) Nulla est igitur excusatio peccati, si amici causa peccaveris; nam cum conciliatrix amicitiae virtutis opinio fuerit, difficile est amicitiam manere, si a virtute defeceris.
38 Quod si rectum statuerimus vel concedere amicis, quidquid velint, vel impetrare ab iis, quidquid velimus, perfecta quidem sapientia[4] si simus, nihil habeat res vitii; sed loquimur de iis amicis qui ante oculos sunt, quos vidimus aut de quibus memoriam accepimus, quos novit vita communis. Ex hoc numero nobis exempla sumenda sunt, et eorum quidem maxime, qui ad sapientiam proxime accedunt.

adiūtor, -ōris *m.* Gehilfe
recusāre etw. verweigern, sich weigern zu tun
inveterātus, -a, -um alt, eingewurzelt
familiāritās, -tātis *f.* vertrauter Umgang
gīgnere hervorbringen, *pass.* entstehen
fāta Verhängnisse
sempiternus, -a, -um ewig
subterfugere, -iō, -fūgī entgehen, vermeiden
conciliātrīx, -īcis *f.* Stifterin
quidquid alles, was

1 **quod quī = quod iī, quī** – 2 **quidvis** alles Mögliche, selbst das Schlimmste – 3 **sibi vidēri** *m. Gen.* es erscheint ihm etwas notwendig – 4 **perfectā sapientiā esse** *Abl. qualitatis* volkommene Weisheit besitzen

Analyse und Interpretation

4 Erläutern Sie die Bedeutungswolke von *virtus*.

GRUND- UND LERNWORTSCHATZ

nāsci, nāscor, nātus sum	geboren werden, wachsen, entstehen
postulāre	beanspruchen, fordern, verlangen
arguere, arguō, arguī, argūtum	darlegen, kritisieren, als falsch erweisen
profitērī, profiteor, professus sum	offen bekennen, gestehen
querēl(l)a, -ae *f.*	Klage, Beschwerde
fātum, fātī *n.*	Schicksal, Geschick
peccāre	einen Fehler machen
dēficere, dēficiō, dēfēcī, dēfectum	verlassen, Abstand nehmen, verschwinden
statuere, statuō, statuī, statūtum	errichten, beschließen

5 *amici causa omnia facere vel concedere amicis, quidquid velint / amici causa peccare:* Erörtern Sie, inwieweit man für einen Freund Unrecht begehen oder von einem Freund etwas Unrechtes fordern darf.

6 Beschreiben Sie das Bild und beziehen Sie den Titel auf seine Aussage.

7 Welche Aspekte der Freundschaft bleiben hier unberücksichtigt?
a) nach Ihrer persönlichen Einschätzung;
b) nach allem, was Sie bisher in Ciceros Dialog *Laelius* gelesen haben.

Anton von Werner (preußischer Historienmaler, 1843–1915), Farbskizze zu einem Mosaik mit dem Titel *Amicitia* (1872)

5 Grenzen der Freundschaft

In c. 39–48 nennt Laelius für das bisher Gesagte Beispiele aus der römischen und griechischen Geschichte. Neben bekannten Namen wie Tiberius Gracchus, Coriolan und Themistokles werden dabei auch Personen und Situationen erwähnt, über die wir fast nichts wissen. Fans der römischen Geschichte können diese Kapitel in deutscher Übersetzung nachlesen (Literatur s. u.).

5.1 Wahre und falsche Freude

Es ist natürlich, so Laelius, dass sich Gleiches zu Gleichem gesellt. So ist die Freundschaft unter gutgesinnten Menschen *(viri boni)* gewissermaßen naturgegeben und ein Grund zu wahrer Freude, während materielle Dinge zwar erfreuen können, aber nicht so wie ein echter Freund, der die entgegengebrachte Zuneigung auch erwidern kann.

Sprachliche und inhaltliche Erschließung

1 Wiederholen Sie die Ablativfunktionen.
2 Diskutieren Sie, welcher Spruch zutrifft:
3 Welche materiellen Güter erfreuen Sie besonders?

„Gleich und Gleich gesellt sich gern."

„Gegensätze ziehen sich an."

Cicero, Laelius de amicitia 49–50

49 Quid enim tam absurdum quam delectari multis inanimis rebus, ut honore, ut gloria, ut aedificio, ut vestitu cultuque corporis, animante virtute praedito[1], eo qui vel amare vel, ut ita dicam, redamare possit, non admodum delectari? Nihil est enim remuneratione benevolentiae, nihil vicissitudine studiorum officiorumque iucundius. 50 Quid, si illud etiam addimus, quod recte addi potest, nihil esse[2], quod ad se rem ullam tam alliciat et attrahat, quam ad amicitiam similitudo? Concedetur profecto verum esse, ut bonos boni diligant adsciscantque sibi quasi propinquitate coniunctos[3] atque natura. Nihil est enim appetentius similium[4] sui nec rapacius quam natura. Quam ob rem hoc quidem, Fanni et Scaevola, constet, ut opinor, bonis inter bonos quasi necessariam benevolentiam[5], qui est amicitiae fons a natura constitutus. Sed eadem bonitas etiam ad multitudinem pertinet. Non enim est inhumana virtus neque immunis neque superba, quae etiam populos universos tueri iisque optime consulere soleat; quod non faceret profecto, si a caritate vulgi abhorreret.

absurdus, -a, -um abwegig
inanimus, -a, -um leblos
animāns, -antis *m. u. f.* Geschöpf
redamāre Liebe erwidern

remūnerātiō, -ōnis *f.* Vergeltung, Erkenntlichkeit
vicissitūdō, -dinis *f.* Wechsel, Austausch

allicere anlocken, anziehen

adscīscere sich aneignen, annehmen

rapāx, -ācis reißend, raffend, räuberisch

immūnis pflichvergessen

abhorrēre zurückschrecken vor, abgeneigt sein gegen

1 **animante virtūte praeditō** *Abl. zu* **delectārī** sich an einem mit Tugend ausgestatteten Wesen zu freuen – 2 **nihil esse** *aci* abhängig von **addi potest** – 3 **coniunctōs** *präd. zu* **bonōs** – 4 **similium** *Gen. obiectivus* – 5 **necessāriam benevolentiam** *erg.* **esse**

Analyse und Interpretation

4 Beschreiben Sie diese Darstellung eines unbekannten Römers.
5 In dieser Bronzebüste möchten manche gern eine Darstellung des Tyrannenmöders und ersten Consuls der römischen Republik, Brutus, erkennen. Finden Sie eine Erklärung dafür!
6 Erklären Sie aus dem Kontext, warum Laelius hier Fannius und Scaevola direkt anspricht.
7 Differenzieren Sie mit Hilfe eines Wörterbuches die Begriffe *benevolentia* und *caritas*.
8 Erläutern Sie die politische Dimension des Begriffes *vir bonus* vor dem Hintergrund der Parteikämpfe in der späten Republik.

Büste eines unbekannten Römers aus dem 3. Jh. v. Chr., Rom, Kapitolinische Museen

GRUND- UND LERNWORTSCHATZ

praeditus, -a, -um mit *Abl.*	**begabt, versehen mit**
studium, -ī *n.*	Bestreben, Eifer
officium, -ī *n.*	Dienst, Pflicht
addere, addō, addidī, additum	hinzufügen
similitūdō, -dinis *f.*	**Ähnlichkeit**
concēdere, concēdō, concessī, concessum	**zugestehen**
appetēns, appetentis	**begierig (nach)**
cōnstāre, cōnstō, cōnstitī, –	feststehen
superbus, -a, -um	hochmütig, stolz
vulgus, -ī *n.*	das einfache Volk

Guido Reni: Caritas

5.2 Voraussetzungen wahrer Freundschaft

Wahre Freundschaft ist selbstlos. Sie darf dem Freunde nützlich sein, nicht jedoch zum Eigennutz missbraucht werden. Dies gilt für viele Lebensbereiche. Laelius zeigt das am Beispiel seiner Freundschaft zu dem kürzlich verstorbenen Scipio.

Sprachliche und inhaltliche Erschließung

1 Formulieren Sie zu den Superlativen im Text mehrere Übersetzungsmöglichkeiten.
2 Erörtern Sie das Verhältnis von Freundschaft und Nutzen.

Cicero, Laelius de amicitia 51–52

51 Atque etiam mihi quidem videntur[1], qui utilitatum causa fingunt amicitias, amabilissimum nodum amicitiae tollere. Non enim tam utilitas parta per amicum quam amici amor ipse delectat, tumque illud fit, quod ab amico est profectum, iucundum, si cum studio est profectum; tantumque abest, ut amicitiae propter indigentiam colantur, ut ii, qui opibus et copiis maximeque virtute, in qua plurimum est praesidii, minime alterius indigeant, liberalissimi sint et beneficentissimi. Atque haud sciam an ne opus sit quidem nihil umquam omnino deesse amicis. Ubi enim studia nostra viguissent, si numquam consilio, numquam opera nostra nec domi nec militiae Scipio eguisset? Non igitur utilitatem amicitia, sed utilitas amicitiam secuta est.

52 Non ergo erunt homines deliciis diffluentes[2] audiendi, si quando[3] de amicitia, quam nec usu nec ratione habent cognitam, disputabunt. Nam quis est – pro deorum fidem atque hominum![4] – qui velit, ut neque diligat quemquam nec ipse ab ullo diligatur, circumfluere omnibus copiis[5] atque in omnium rerum abundantia vivere? Haec enim est tyrannorum vita nimirum, in qua nulla fides, nulla caritas, nulla stabilis benevolentiae potest esse fiducia, omnia semper suspecta atque sollicita, nullus locus amicitiae.

nōdus, -ī *f.* Knoten, Band, Verbindung

indigēre *m. Abl.* nötig haben

haud sciō an ich weiß nicht, ob nicht (= vielleicht)

vigēre, vigeō, viguī stark sein, Ansehen genießen

circumfluere *m. Abl.* Überfluß haben an

nīmīrum *Adv.* allerdings, freilich

1 *lies* **videntur ii, qui** – 2 **hominēs dēliciīs diffluentēs** Menschen, die in Annehmlichkeiten aufgehen – 3 **si quando** *lies* **si (ali-) quando** – 4 **prō deōrum fidem atque hominum!** *Ausruf in heftiger Erregung:* Bei der Treue der Götter und der Menschen! – 5 **circumfluere omnibus cōpiīs** alles in Hülle und Fülle haben

Analyse und Interpretation

3 Arbeiten Sie aus dem Text die Thesen des Laelius zur Freundschaft heraus.
4 *Non igitur utilitatem amicitia, sed utilitas amicitiam secuta est* (c. 51 Ende). Prüfen Sie an Beispielen aus Ihrem eigenen Erfahrungsbereich, ob diese Feststellung zutrifft.

GRUND- UND LERNWORTSCHATZ

fingere, fingō, fīnxī, fictum	bilden, formen, gestalten
indigentia, -ae *f.*	Bedarf, Bedürfnis, Not
ops, opis *f.*	Bemühung, Kraft, Reichtum
omnino *Adv.*	allerdings, im Ganzen, überhaupt
egēre, egeō, eguī	Not leiden, brauchen, entbehren
diffluere, diffluō, difflūxī	auseinanderfließen, sich auflösen, verschwinden

Marie von Ebner-Eschenbach (1830–1916), Schriftstellerin

Freundschaft kann nur zwischen Menschen von gleichem Wert bestehen.

Ludwig Börne (1786–1837), deutscher Schriftsteller u. Kritiker

Vieles kann der Mensch entbehren, nur den Menschen nicht.

Jean Paul (1763–1825)

Zur Freundschaft gehört, dass wir einander gleichen, einander in einigem übertreffen, einander in einigem nicht erreichen.

Aristoteles (384–322), griechischer Philosoph

Freundschaft ist eine Seele in zwei Körpern.
Gleichheit – die Seele der Freundschaft.

Fiedrich von Logau (1605–1655), deutscher Dichter

Eine Freundschaft, die der Wein gemacht,
wirkt wie der Wein nur eine Nacht.

5 Welche Sentenz gefällt Ihnen am besten? Erklären Sie Ihrem Tischnachbarn Ihre Wahl.
6 Welche der hier geäußerten Gedanken finden Sie auch im Laelius angesprochen?
7 Ergänzen Sie die Sammlung mit eigenen Sentenzen.

5.3 Freunde bleiben?

Auch Führungspersönlichkeiten haben Freunde – oder Personen, die sie dafür halten. Denn erst nach ihrem Sturz zeigt sich, ob es wahre Freunde waren. Andererseits vergessen Aufsteiger gern einmal ihre alten Freunde, sobald sie weiter nach oben gekommen sind.

Sprachliche und inhaltliche Erschließung

1 Berichten Sie über den römischen König Tarquinius, der hier als Beispiel angeführt wird.

2 Wiederholen Sie die *consecutio temporum.*

Cicero, Laelius de amicitia 53–54

53 Quis enim aut eum diligat, quem metuat, aut eum, a quo se metui putet? Coluntur[1] tamen simulatione dumtaxat ad tempus[2]. Quod si forte, ut fit plerumque, ceciderunt, tum intellegitur, quam fuerint inopes amicorum. Quod Tarquinium dixisse ferunt, tum exsulantem se intellexisse, quos fidos amicos habuisset, quos infidos, cum iam neutris gratiam referre posset.

54 Quamquam[3] miror, illa superbia et importunitate[4] si quemquam[5] amicum habere potuit. Atque ut huius, quem dixi, mores veros amicos parare non potuerunt, sic multorum opes praepotentium excludunt amicitias fideles. Non enim solum ipsa Fortuna caeca est, sed eos etiam plerumque efficit caecos, quos complexa est; itaque efferuntur fere fastidio et contumacia nec quicquam insipiente fortunato intolerabilius fieri potest. Atque hoc quidem videre licet, eos qui antea commodis fuerint moribus, imperio, potestate, prosperis rebus immutari, sperni ab iis veteres amicitias, indulgeri novis.

simulātiō, -nis *f.* Verstellung, Heuchelei
dumtaxat *Adv.* lediglich, nur
inops, inopis hilflos, arm an
exsulans, -ntis als Verbannter
neuter keiner von beiden
importūnitās, -tātis *f.* Rücksichtslosigkeit
praepotens, -entis sehr mächtig
caecus, -a, -um blind
complecti, complector, complexus sum ergreifen
fastīdium, -ī *n.* Widerwillen
contumācia -ae *f.* Trotz
īnsipiēns, -entis unverständig
fortunātus -ī *m.* Glückskind
intolerābilis, -e unerträglich
prosper, -era, -erum zuträglich
immutāre verändern
spernere verschmähen
indulgēre nachsichtig (sein)

1 **coluntur** *Subjektswechsel* – 2 **simulatiōne dumtaxat ad tempus** zum Schein allerdings auf Zeit – 3 **Quamquam** *als Einleitung eines Hauptsatzes:* indessen, jedoch – 4 **illā superbiā et importūnitāte** angesichts seiner bekannten Überheblichkeit und seiner Rücksichtslosigkeit – 5 *lies* **si (ali)quemquem**

Analyse und Interpretation

3 Erklären Sie den Ausdruck *Fortuna caeca.*

4 Ist im letzten Satz das asyndetische Trikolon *imperio, potestate, prosperis rebus* auch eine Klimax?

5 Diskutieren Sie, wie heute der gesellschaftliche Aufstieg geschafft werden kann.

6 Setzen Sie Bild (S. 31) und Text miteinander in Bezug: Sextus Tarquinius, ein Sohn von König Tarquinius, vergewaltigt Lucretia. Diese Gewalttat löst beim Volk Empörung über den unbeliebten Herrscher aus. Schließlich vertreiben ihn Brutus und Lucretias Ehemann Collatinus und beenden so die römische Königszeit. Sie werden die ersten beiden Konsuln der Republik.

GRUND- UND LERNWORTSCHATZ

dīligere, dīligō, dīlēxī, dīlēctum	lieben, schätzen
neuter, neutra, neutrum	kein(er) (von beiden)
metuere, metuō, metuī	fürchten, befürchten
īnfīdus, -a, -um	untreu
mīrārī, mīror, mīrātus sum	sich wundern
ops, opis *f.*	Macht, Kraft, Werk
exclūdere, exclūdō, exclūsī, exclūsum	aussperren

Die Vergewaltigung der Lucretia; Gemälde von Tizian, 1571

5.4 Freundschaft und Gegenseitigkeit

Vor dem folgenden Text referiert Laelius in c. 55–56 weit verbreitete Meinungen über freundschaftliche Verhältnisse: einem Freund gegenüber müsse man erstens genau so eingestellt sein, wie zu sich selbst. Zweitens solle das dem Freund entgegengebrachte Wohlwollen dem entsprechen, das dieser einem selbst entgegenbringe. Schließlich solle jeder von seinen Freunden so hoch geschätzt werden, wie er sich selber einschätze. Diesen drei Meinungen kann Laelius sich nicht anschließen.

Sprachliche und inhaltliche Erschließung

1 Stellen Sie aus dem Text alle Deponentien zusammen.
2 Führen Sie vor der Übersetzung eine Stilmittelanalyse durch (z. B. Chiasmus, Alliteration oder Homoioteleuton).
3 Markieren Sie im Text Adverbien im Komparativ und im Superlativ und formulieren Sie treffende Übersetzungen.

Cicero, Laelius de amicitia 57–58

57 Harum trium sententiarum nulli prorsus assentior. Nec enim illa prima vera est, ut, quem ad modum in se quisque sit, sic in amicum sit animatus. Quam multa enim, quae nostra causa[1] numquam faceremus, facimus causa[1] amicorum! precari ab indigno, supplicare, tum acerbius in aliquem invehi insectarique vehementius, quae in nostris rebus non satis honeste, in amicorum[2] fiunt honestissime; multaeque res sunt, in quibus de suis commodis viri boni multa detrahunt detrahique patiuntur, ut iis[3] amici potius quam ipsi fruantur.

58 Altera sententia est, quae definit amicitiam paribus officiis ac voluntatibus. Hoc quidem est nimis exigue et exiliter ad calculos vocare amicitiam, ut par sit ratio acceptorum et datorum. Divitior mihi et affluentior videtur esse vera amicitia nec observare restricte, ne plus reddat quam acceperit; neque enim verendum est, ne quid[4] excidat, aut ne quid in terram defluat, aut ne plus aequo quid in amicitiam congeratur.

animātus, -a, -um belebt, gesinnt, eingestellt
īnsectāri verfolgen, zusetzen, verhöhnen
dētrahere entreißen
exiguus, -a -um eng, knapp, wenig, unbedeutend
exīlis, -e mager, dürr, trocken
ad calculōs vocāre berechnen, mit jmd. abrechnen
affluēns, -entis reichlich strömend, üppig
congerere aufhäufen, investieren

1 **nostrā causā … causā amicōrum** … unseretwegen … wegen unserer Freunde – 2 **in amicōrum** *erg.* **rēbus** – 3 **iis = multīs rēbus** – 4 **nē quid** *lies* **nē (ali-)quid**

Analyse und Interpretation

4 Interpretieren Sie die Stilmittel dieses Textes.
5 Erörtern Sie, ob Freundschaft einseitig Vorteile einbringen darf.
6 *Do, ut des*: Nennen Sie Situationen, in denen dieser Satz zutrifft. Könnte das hier zugrunde liegende Verhältnis auch als Freundschaft beschrieben werden?

GRUND- UND LERNWORTSCHATZ

sententia, -ae *f.*	Meinung, Ansicht
assentīri, assentior, assēnsus sum	beistimmen, zustimmen, beipflichten
quem ad modum	wie, nach welcher Art
supplicāre	demütig bitten, (an)flehen, beten
invehi, invehor, invexī, invectum	angreifen, hineinführen, einbringen
vehementia, -ae *f.*	Heftigkeit, Nachdruck
verēri, vereor, veritus sum	sich scheuen, sich fürchten
dēflūere, dēfluō, dēflūxī, defluctum	herabfließen, herabfallen, abweichen
congerere, congerō, congessī, congestum	zusammentragen, (über-)häufen, beimessen

7 Erstellen Sie aus dem Lexikon (siehe unten) eine Liste von Vokabeln, die mit dem Wort *amicitia* stehen, und formulieren Sie dafür gute deutsche Übersetzungen.

8 *Amicitia* ist auch ein politischer Begriff. Erläutern Sie diese Verwendung.

9 Passt die deutsche Übersetzung *Freundschaft* für das Verhältnis zu auswärtigen Völkern und Staaten? Machen Sie ggf. andere Vorschläge.

Karl Ernst Georges: Ausführliches lateinisch-deutsches Handwörterbuch.
Hannover 1913/1918 (Nachdruck Darmstadt 1998), Band 1, Sp. 378 – 379 aus: zeno.org.

amīcitia, ae, *f.* (amicus), *die* ***Freundschaft*** *(Ggstz.*inimicitia), I) *eig.:* a) *in bürgerlichen, gesellschaftlichen Verhältnissen,* caritas et amicitia hominum, Cic.:amicitia vetus, Cic.: magna, *innige,* Cic.:amicitia intima, Nep.: est mihi amicitia cum alqo, Cic.: amicitia est inter alqos, Cic. *(so auch* ex quo firmiorem inter nos fore amicitiam, Ter.): amicitiam facere, iungere, gerere, dimittere, discindere, dissociare, dissolvere, Cic.: conferre se in amicitiam et fidem alcis, Cic.: alqm libenter in amicitiam accipere, Cic.: in amicitia manere, Cic.: amicitiam renuntiare, Cic.: esse in amicitia cum alqo, Nep.: aut propinquitate aut amicitiā contingere alqm, Liv.: multos amicitiā comprehendere, Cic.: *Plur.,*amicitiae igni perspectae, Cic.: quaerere opes et amicitias, Hor.: amicitias coniungere, Cic.: amicitiae immortales, mortales inimicitiae debent esse, Liv.: conciliare [379] amicitiarum studia *(Ggstz.* retinere), Iustin. – b) *in politischen Verhältnissen, das* ***Freundschaftsbündnis,*** *zwischen zwei Völkern od. deren Oberhäuptern,* amicitia et (ac) foedus, Sall.: amicitia ac societas *od.* societasque, Sall.: societas et amicitia *od.* amicitiaque, Cic. *u.* Sall.: amicitiae foedus, Sall.: amicitiam petere, appetere, Caes.: firmissima est inter pares amicitia, Curt.: accedere ad amicitiam alcis, Caes.: ceteros reges in amicitiam recipere, Sall.: in amicitiam populi Romani venire, Liv.: per Treveros venire Germanis in amicitiam, Caes.: in amicitia manere, Caes.: in amicitia cum fide permanere, Liv.: omni tempore in fide atque amicitia civitatis Aeduae fuisse, Caes.: sibi populoque Romano perpetuam gratiam atque amicitiam cum eo futuram, Caes.: permultos annos in amicitia fuisse, Liv.: amicitiam facere, Caes.: pacem atque amicitiam cum rege facere, Iustin.: amicitiam coniungere, Curt.: civitates in amicitia continere, Caes.: alqm a Caesaris amicitia avertere, Caes.: amicitiam Romanorum sequi, *am Bunde mit den R. festhalten,* Caes.: *u. so* amicitiam fidemque populi Romani sequi, Cic.: Caesaris amicitiam sequi, *sich auf Cäsars Seite schlagen,* Caes.: amicitiam sequi Atticorum, *ein Bündnis mit den A. zu schließen suchen,* Nep.: cum proximis civitatibus pacem et amicitiam confirmare, Caes.: *Plur.,* amicitias parare, Sall.: regum amicitias sequi, *die Fr. der Könige suchen,* Sen. ep. – c) *unter lebl. Gegenständen, die* ***Sympathie, Verträglichkeit****(Ggstz.* odium), Plin.: *unter Pflanzen,* am. vitium, Plin.: am. rutae cum fico, Plin. – II) *meton., wie unser* ***Freundschaft = Freunde,*** *Sing.,* afflicta amicitia *(Ggstz.*florens am.), Cic. Quinct. 93: hospitem nisi ex amicitia domini raro accipiat, Col.: Domitius Celer, ex intima eius amicitia, Tac. – *Plur.,* parcet amicitiis et dignitatibus, *Freunde u. Beamte,* Cic.: increpuit amicitias muliebres, Tac. – /*Arch. Genet.* amicitiai, Lucr. 3, 83.

5.5 Freundschaft – Feindschaft?

In den beiden vorigen Kapiteln hat Cicero zwei seiner Ansicht nach falsche Meinungen über symmetrisches Verhalten in der Freundschaft referiert und widerlegt. Hier folgt nun die am weitesten verbreitete, aber – nach Cicero wiederum falsche – Auffassung von Freundschaft sowie deren Widerlegung.

Sprachliche und inhaltliche Erschließung

1 Wiederholen Sie, was Sie über Scipio wissen.
2 Wiederholen Sie die Funktionen des Genitivs.
3 Im Text wird der griechische Philosoph Bias als einer der Sieben Weisen erwähnt. Informieren Sie sich über ihn und die Sieben Weisen. Nennen Sie deren Aussprüche.

Cicero, Laelius de amicitia 59

59 Tertius vero ille finis deterrimus, ut, quanti quisque se ipse faciat, tanti fiat ab amicis. Saepe enim in quibusdam aut animus abiectior est aut spes amplificandae fortunae fractior. Non est igitur amici talem esse in eum, qualis ille in se est, sed potius eniti et efficere, ut amici iacentem animum excitet inducatque in spem cogitationemque meliorem. Alius igitur finis verae amicitiae constituendus est, si prius, quid maxime reprehendere Scipio solitus sit, dixero. Negabat ullam vocem inimiciorem amicitiae potuisse reperiri quam eius, qui dixisset ita amare oportere, ut si aliquando esset osurus[1]; nec vero se adduci posse, ut hoc, quem ad modum putaretur, a Biante esse dictum crederet, qui sapiens habitus esset unus e septem; impuri cuiusdam aut ambitiosi aut omnia ad suam potentiam revocantis esse sententiam. Quonam enim modo quisquam amicus esse poterit ei, cui se putabit inimicum esse posse? quin etiam necesse erit cupere et optare, ut quam saepissime peccet amicus, quo plures det sibi tamquam ansas ad reprehendendum; rursum autem recte factis commodisque amicorum necesse erit angi, dolere, invidere.

dētĕrrimus, -a, -um der schlechteste
abiectior allzu entmutigt
vōx, vocis *f. hier* Ausspruch
impūrus, -a, -um schmutzig, gemein
ambitiōsus, -a, -um ehrgeizig
revocāre ad beziehen auf
quōnam modō wie denn
ānsa, -ae *f.* Anlass
rūrsum andererseits
angere ängstigen

1 **osūrus** *von* **ōdisse** hassen

Analyse und Interpretation

4 *amicus – inimicus:* Erklären Sie den Unterschied bei Cicero.
5 Diskutieren Sie, was das Gegenteil von Freundschaft ist und wie man solch ein Verhältnis in unserer Sprache bezeichnet.
6 Die Inschrift des Bildnisses auf S. 36 lautet: „Bias aus Priene. Die meisten Menschen sind schlecht." Diskutieren Sie, inwieweit Sie dieser Aussage zustimmen, und finden Sie Argumente dafür und dagegen.

GRUND- UND LERNWORTSCHATZ

amplificāre, amplificō, amplificāvi, amplificātum	erweitern, vergrößern, heben
potius	vielmehr, eher, lieber
ēnīti, ēnītor, ēnīxus (ēnīsus) sum	sich anstrengen, emporarbeiten
cogitātiō, -ōnis *f.*	Überlegung, Vorhaben
melior, -ius *(Komp. zu bonus)*	besser
solēre, soleō, solitum	pflegen, gewohnt sein
reperīre, reperiō, repperī, repertum	wiederfinden, (er)finden
ōdisse, ōdī, ōsūrus	hassen (nur im Perfektstamm)
saepissimē *(Superlativ zu saepe)*	möglichst oft
peccāre, peccō, peccāvi, peccātum	verkehrt handeln, Fehler machen, sündigen
commodum, ī *(n.)*	Vorteil, glücklicher Umstand

Nachbildung eines römischen Hermesbildnisses, das im Landhaus des Cassius in Tibur mit Bildern der restlichen sieben Weisen im Jahr 1780 gefunden wurde: Bias aus Priene.

5.6 Hohe ethische Ansprüche an Freundschaft

Hier wird die Suche nach einer treffenden Definition für Freundschaft von Cicero zum Ziel geführt: Liebe und Freundschaft können niemals auf (potenziellem) Hass gründen. Sie haben hohen ethischen Maßstäben zu genügen.

Sprachliche und inhaltliche Erschließung

1 *hoc … praeceptum* (Z. 1) bezieht sich auf das vorige Kapitel. Erläutern Sie den Begriff.
2 Wiederholen Sie den Irrealis der Gegenwart und der Vergangenheit und finden Sie je ein Beispiel aus dem Text.
3 Erklären Sie am Beispiel der im Text vorkommenden nd-Formen den Unterschied zwischen Gerundium und Gerundivum.

60 Quare hoc quidem praeceptum, cuiuscumque[1] est, ad tollendam amicitiam valet; illud potius praecipiendum fuit[2], ut eam diligentiam adhiberemus in amicitiis comparandis, ut ne quando[3] amare inciperemus eum, quem aliquando odisse possemus. Quin etiam, si minus felices in deligendo fuissemus, ferendum id Scipio potius quam inimicitiarum tempus cogitandum putabat.

61 His igitur finibus utendum arbitror, ut, cum emendati mores amicorum sint, tum sit inter eos omnium rerum, consiliorum, voluntatum sine ulla exceptione communitas, ut, etiamsi qua[4] fortuna acciderit, ut minus iustae amicorum voluntates adiuvandae sint, in quibus eorum aut caput agatur[5] aut fama, declinandum de via sit, modo ne summa turpitudo sequatur; est enim quatenus[6] amicitiae dari venia possit. Nec vero neglegenda est fama nec mediocre telum ad res gerendas existimare oportet benevolentiam civium; quam blanditiis et assentando colligere turpe est; virtus, quam sequitur caritas, minime repudianda est.

praeceptum, -ī, *n.* Vorschrift

(ali-)quandō irgendeinmal

inimīcitia, -ae *f.* Feindschaft

ēmendāre, ēmendō, ēmendāvī, ēmendātum berichtigen, verbessern

etiamsī auch wenn

dēclīnāre abweichen

mediocris, -e unbedeutend

blanditia, -ae *f.* Schmeichelei

assentāri in allem Recht geben

1 *Gen. Sg. von* **quicumque** von wem auch immer – 2 *Übersetze als Irrealis der Vergangenheit:* Jenes hätte man eher vorschreiben müssen – 3 **nē quandō lies: nē (ali-)quandō** – 4 **etiamsī quā fortunā** *lies* **etiamsī (ali-) quā fortunā** – 5 **caput agitur** es geht um das Leben – 6 **est quāenus** es gibt einen Punkt, bis zu dem

Analyse und Interpretation

4 Nennen Sie die Aufgaben, die man laut Cicero in einer Freundschaft erfüllen muss.

5 Erörtern Sie in Kleingruppen: Wie weit darf Freundschaft gehen? Was ist unter Freunden unverzeihlich?

GRUND- UND LERNWORTSCHATZ

praecipere, praecipiō, praecēpī, praeceptum	befehlen
diligentia, -ae *f.*	Aufmerksamkeit, Sorgfalt
incipere, incipiō, incēpī, inceptum	anfangen
fēlīx, fēlīcis	glücklich, reich
ūti, ūtor, ūsus sum *mit Abl.*	benutzen
volūntās, -tātis *f.*	Wille, Absicht
exceptiō, -iōnis *f.*	Ausnahme, Einwand
adiuvāre, adiuvō, adiūvī, adiūtum *mit Akk.*	unterstützen, helfen
turpis, turpe	hässlich, verwerflich
turpitūdō, -inis *f.*	(moralische) Hässlichkeit
quātenus	wie weit?
neglegēns, -entis	gleichgültig, fahrlässig
repudiāre, repudiō, repudiāvi, repudiātum	ablehnen

6 Charakterliche Anforderungen an einen Freund

6.1 Gibt es Kriterien für das Finden von Freunden?

Materieller Besitz ist messbar: für seinen Erwerb gibt es klare Regeln. Für das Schließen von Freundschaft hingegen ist das nicht so. Als wahre Freunde eignen sich immer nur wenige Personen und es gilt, sehr behutsam vorzugehen.

Sprachliche und inhaltliche Erschließung

1 Markieren Sie im Text alle Alliterationen.
2 Sammeln Sie weitere sprachliche Besonderheiten und benennen Sie diese.
3 Wiederholen Sie, welche Pronomina es gibt, und finden Sie Beispiele im Text.

Cicero, Laelius de amicitia 62–63

62 Sed (saepe enim redeo ad Scipionem, cuius omnis sermo erat de amicitia) querebatur, quod omnibus in rebus homines diligentiores essent; capras et oves quot quisque haberet, dicere posse, amicos quot haberet, non posse dicere et in illis quidem parandis adhibere curam, in amicis eligendis neglegentes esse nec habere quasi signa quaedam et notas, quibus eos, qui ad amicitias essent idonei, iudicarent. Sunt igitur firmi et stabiles et constantes eligendi; cuius generis est magna penuria. Et iudicare difficile est sane, nisi expertum; experiendum autem est in ipsa amicitia. Ita praecurrit amicitia iudicium tollitque experiendi potestatem.
63 Est igitur prudentis[1] sustinere ut currum, sic impetum benevolentiae, quo utamur quasi equis temptatis, sic amicitia ex aliqua parte[2] periclitatis moribus amicorum. Quidam saepe in parva pecunia perspiciuntur, quam sint leves, quidam autem, quos parva movere non potuit, cognoscuntur in magna. Sin vero erunt aliqui reperti, qui pecuniam praeferre amicitiae sordidum existiment, ubi eos inveniemus, qui honores, magistratus, imperia, potestates, opes amicitiae non anteponant, ut, cum ex altera parte[3] proposita haec sint, ex altera[3] ius amicitiae, non multo illa malint? Imbecilla enim est natura ad contemnendam potentiam; quam etiamsi neglecta amicitia consecuti sint, obscuratum iri[4] arbitrantur, quia non sine magna causa sit neglecta amicitia.

capra, -ae *f.* Ziege, Geiß
ovis, -is *f.* Schaf
nōta, -ae *f.* Kennzeichen, *hier* Kriterium
pēnūria, -ae *f. (m. Gen.)* Mangel (an)
sustinēre zurückhalten
temptātus, -a, -um erprobt
perīclitāri auf die Probe stellen
sordidus, -a -um schmutzig
imbēcillus, -a, -um schwächlich
obscūrāre verbergen, verhüllen

1 **esse** *m. Gen:* es ist ein Zeichen von – 2 **ex aliquā parte** einigermaßen – 3 **ex alterā parte … ex alterā (parte)** auf der einen Seite … auf der anderen Seite – 4 **obscūrātum īrī** *Inf. Futur Passiv*

Analyse und Interpretation

4 Stellen Sie eigene Kriterien auf, die ein Mensch erfüllen muss, um Ihr Freund zu sein.
5 Vergleichen Sie Ihre Ergebnisse in Kleingruppen.
6 Beschreiben Sie das Bild unten. Stellen Sie Beziehungen zwischen diesem Bild und dem Text her.

Vanitas, N. L. Peschier, 1661, Philadelphia Museum of Art

GRUND- UND LERNWORTSCHATZ

sermō, -ōnis *m.*	Rede, Gespräch, Unterhaltung
queri, queror, questus sum	(be-)klagen, (be-)jammern
dīligēns, -entis	achtsam, sorgfältig, genau
quot	wie viele
adhibēre, adhibeō, adhibuī, adhibitum	anlegen, anwenden
ēligere, ēligō, ēlēgī, ēlectum	aussuchen, (aus)wählen
idōneus, -a, -um	geeignet
experiēns, -entis	unternehmend, tätig
iūdicium, -ī *n.*	Urteil, Gericht
prūdēns, -entis	absichtsvoll, kundig, erfahren
sustinēre, sustineō, sustinuī	aushalten, aufrechthalten, tragen
perīclitārī, perīclitor, perīclitātus sum	versuchen, auf die Probe / aufs Spiel setzen
contemnere, contemnō, contempsī, contemptum	verachten

6.2 Treue und Loyalität in der Freundschaft

Im politischen Bereich ist wahre Freundschaft sehr selten. Wer steckt schon gern zugunsten eines anderen selbst zurück? Gerade hier zeigt sich aber wahre Freundschaft. Und wer in Krisensituationen treu *(fidus)* bleibt, bewährt sich als echter Freund.

Sprachliche und inhaltliche Erschließung

1 Interpretieren Sie sprachlich und inhaltlich den Satz *amicus certus in re incerta cernitur* (Z. 6f.).

2 Informieren Sie sich im Wörterbuch über die Bedeutungswolke des Begriffes *fides*.

Cicero, Laelius de amicitia 64–65

---

64 Itaque verae amicitiae difficillime reperiuntur in iis, qui in honoribus reque publica[1] versantur; ubi enim istum invenias, qui honorem amici anteponat suo? Quid? haec ut omittam, quam graves, quam difficiles plerisque videntur calamitatum societates[2]! ad quas non est facile inventu[3] , qui descendant. Quamquam Ennius[4] recte: *Amicus certus in re incerta cernitur*, tamen haec duo levitatis et infirmitatis plerosque convincunt, aut si in bonis rebus contemnunt aut in malis deserunt. Qui igitur utraque in re gravem, constantem, stabilem se in amicitia praestiterit, hunc ex maxime raro genere hominum iudicare debemus et paene divino.

65 Firmamentum autem stabilitatis constantiaeque eius, quam in amicitia quaerimus, fides est; nihil est enim stabile, quod infidum est. Simplicem praeterea et communem et consentientem, id est, qui rebus isdem moveatur, eligi par[5] est, quae omnia pertinent ad fidelitatem; neque enim fidum potest esse multiplex ingenium et tortuosum, neque vero, qui non isdem rebus movetur naturaque consentit, aut fidus aut stabilis potest esse. Addendum eodem est, ut ne criminibus aut inferendis delectetur aut credat oblatis, quae pertinent omnia ad eam, quam iam dudum tracto, constantiam. Ita fit verum illud, quod initio dixi, amicitiam nisi inter bonos esse non posse. Est enim boni viri, quem eundem sapientem licet dicere, haec duo tenere in amicitia: primum ne quid fictum sit neve simulatum; aperte enim vel odisse magis ingenui est quam fronte occultare sententiam; deinde non solum ab aliquo allatas criminationes repellere, sed ne ipsum quidem esse suspiciosum, semper aliquid existimantem ab amico esse violatum.

īnfīrmitās, -ātis *f.* Schwäche

stabilis, -e fest, belastbar

firmamentum, ī *n.* Grundpfeiler

cōnsentiēns, -entis gleichgesinnt

multiplex, -icis vielfältig

tortuōsus, -a, -um voller Windungen, verwickelt

iam dūdum schon lange

initiō anfänglich, am Anfang

suspiciōsus, -a, -um voll Verdacht, argwöhnisch

66 Accedat[6] huc suavitas quaedam oportet[6] sermonum atque morum, haudquaquam mediocre condimentum amicitiae. Tristitia autem et in omni re severitas habet illa quidem gravitatem, sed amicitia remissior esse debet et liberior et dulcior et ad omnem comitatem facilitatemque proclivior.

suavitās, -ātis *f.* Lieblichkeit, Liebenswürdigkeit
haudquaquam keinesfalls
condīmentum, -ī *n.* Würze
cōmitās, -ātis *f.* Fröhlichkeit
trīstitia, -ae *f.* Mürrischkeit
facilitās, -ātis *f.* Gutmütigkeit
prōclīvus, -a, -um geneigt

1 **in honōribus rēque pūblicā versāri** (Ehren-)Ämter bekleiden und in der Politik tätig sein – 2 **calamitatis societas** Solidarität in Schwierigkeiten – 3 **inventu** *Supinum, übers. als Infinitiv* – 4 **Quintus Ennius** (239 – 169 v. Chr.) *gilt als Begründer der römischen Dichtkunst.* – 5 **par est** *mit aci* es ist angemessen – 6 **accedat … oportet** es muss hinzukommen

Analyse und Interpretation

3 Gliedern Sie den Text in einzelne Abschnitte und finden Sie dafür Zwischenüberschriften.
4 Formulieren Sie auf der Grundlage des Textes eine Definition von Loyalität.

GRUND- UND LERNWORTSCHATZ

antepōnere, -pōnō, -posuī, -positum	vorsetzen, voranstellen, vorziehen
plērusque, plēraque, plērumque	ein großer Teil *(im Pl.* die meisten)
cernere, cernō, crēvī, crētum	sichten, wahrnehmen, entscheiden
convincere, convincī, convīcī, convictum	jmd. einer Schuld / eines Irrtums überführen; beweisen
pertinēre, pertineō, pertinuī	sich erstrecken / beziehen auf, betreffen, reichen
uterque, utraque, utrumque	beide, jeder von beiden
praestāre, praestō, paestitī, praestitum	sich auszeichnen, überlegen, (*3. Sg.* es ist besser)
dīvīnus, -a, -um	göttlich, vortrefflich, prophetisch
praeterea *Adv.*	außerdem, weiter, ferner
consentīre, -sentiō, -sēnsī, -sēnsum	übereinstimmen, einig sein
ēligere, ēligō, ēlēgī, ēlectum	(aus)wählen, aussuchen
ingenium, -ī *n.*	Charakter, Scharfsinn
delectāre, delectō, delectāvi, delectātum	erfreuen, unterhalten
afferre, afferō, attulī, allātum	herbeitragen

6.3 Richtiges Verhalten gegenüber neuen Freunden

Neue Freunde zu finden und alte Freundschaften zu erhalten ist sicher erstrebenswert. Ist aber ein neuer Freund einem alten vorzuziehen?

Sprachliche und inhaltliche Erschließung

1 Stellen Sie die im Text vorkommenden gegensätzlichen Begriffe einander gegenüber.
2 „Alte Freunde – eingerittene Pferde – alter Wein": Finden Sie Gemeinsamkeiten.

67 Exsistit autem hoc loco quaedam quaestio subdifficilis, num quando[1] amici novi, digni amicitia, veteribus sint anteponendi, ut equis vetulis teneros anteponere solemus. Indigna homine dubitatio! Non enim debent esse amicitiarum sicut aliarum rerum satietates[2]; veterrima quaeque, ut ea vina, quae vetustatem ferunt, esse debet suavissima; verumque illud est, quod dicitur, multos modios salis simul edendos esse[3], ut amicitiae munus expletum sit.
68 Novitates autem si spem adferunt, ut tamquam in herbis non fallacibus fructus appareat, non sunt illae quidem repudiandae, vetustas tamen suo loco conservanda; maxima est enim vis vetustatis et consuetudinis. Quin in ipso equo, cuius modo feci mentionem, si nulla res impediat, nemo est[4], quin eo, quo consuevit, libentius utatur quam intractato et novo. Nec vero in hoc quod est animal, sed in iis etiam, quae sunt inanima, consuetudo valet, cum locis ipsis delectemur, montuosis etiam et silvestribus, in quibus diutius commorati sumus.

subdifficilis, -e ziemlich schwierig, heikel
vetulus, -a, -um ziemlich alt
tener, -a, -um frisch, jung
satietas, satietatis *f.* Sättigung, Überdruss
veterrima *erg. amicitia*
modius salis ein Scheffel Salz (ca. 8,75 Liter)
ēdere essen
simul *hier:* miteinander
mūnus, -eris *n.* Aufgabe
novitātēs neue Freundschaften
nōn fallāx, fallācis nicht enttäuschend
herba, -ae *f.* Pflanze, Gräser
repudiāre zurückweisen
eō (equō) ūti ein Pferd reiten
intractātus, -a, -um nicht zugeritten
inanimus, -a,-um unbelebt
montuōsus, -a, -um gebirgig
silvestris, -e waldreich

1 **num quandō** *lies* **num (ali-)quandō** – 2 **satietātēs** *übers. im Sing:.* Übersättigung – 3 *Bedeutung:* es braucht viel Zeit – 4 **nēmō est, quin** es gibt keinen, der

Analyse und Interpretation

3 Erörtern Sie, was der letzte Satz in Kap. 67 bedeutet.
4 Diskutieren Sie in Kleingruppen, ob man den zentralen Aussagen des Textes auch heute noch zustimmen kann. Sammeln Sie Argumente dafür und dagegen.
5 Arbeiten Sie eine Gegenposition heraus.

GRUND- UND LERNWORTSCHATZ

mōs, mōris *m.*	Gewohnheit, Wille
haudquaquam *Adv.*	keineswegs
mediocris, -e	mittelmäßig, gering
remissus, -a, -um	schlaff, mild, sanft, ruhig
simul *Adv.*	zusammen, zugleich
impedīre, impediō, impedīvi, impedītum	(ver)hindern, hinderlich sein

„Ein Freund, ein guter Freund"

„Ein Freund, ein guter Freund", Lied aus dem Film: Die Drei von der Tankstelle (1930)

Sonniger Tag, wonniger Tag !
Klopfendes Herz und der Motor ein Schlag!
Lachendes Ziel, lachender Start
und eine herrliche Fahrt.
Rom und Madrid nehmen wir mit.
So ging das Leben im Taumel zu dritt.
Über das Meer, über das Land
Haben wir eines erkannt:

Sonnige Welt, wonnige Welt!
Hast uns für immer zusammengesellt.
Liebe vergeht, Liebe verweht,
Freundschaft alleine besteht.
Ja, man vergisst, wen man geküsst,
Weil auch die Treue so unmodern ist.
Ja, man verließ manche Madam',
Wir aber halten zusamm':

Refrain:
Ein Freund, ein guter Freund,
Das ist das Schönste, was es gibt auf der Welt.
Ein Freund bleibt immer Freund.
Und wenn die ganze Welt zusammenfällt.
Drum sei doch nicht betrübt,
Wenn dich dein Schatz nicht mehr liebt.
Ein Freund, ein guter Freund:
Das ist das Schönste, was es gibt.

Szene aus dem Film: Die Drei von der Tankstelle (1930)

6 Arbeiten Sie heraus, in welcher Stimmung die Singenden sind.
7 Nehmen Sie begründet Stellung zu der Behauptung in Strophe 2.
8 Charakterisieren Sie die Vorstellung von Freundschaft in diesem Lied. Beziehen Sie Ihre Erkenntnisse auf die Aussage des Textes.
9 Informieren Sie sich über die wirtschaftliche und politische Situation in Deutschland um 1930 sowie über Geschichte und Schicksal der Schauspieler und der Comedian Harmonists.

Asymmetrische Freundschaften 7

7.1 Wie bei Götter- und Königssöhnen

Asymmetrische Freundschaften sind Freundschaften zwischen Personen von ungleicher sozialer Stellung oder unterschiedlichem gesellschaftlichem Rang. Ist das überhaupt möglich? Beispiele aus der römischen Geschichte und Mythologie belegen es.

Sprachliche und inhaltliche Erschließung

1 Informieren Sie sich in einem Lexikon über die im Text genannten Persönlichkeiten.
2 Suchen Sie vor der Lektüre nach Stilmitteln.
3 Differenzieren Sie Ihr Ergebnis zwischen sprachlichen und gedanklichen Gestaltungsmitteln.

Cicero, Laelius de amicitia 69–71

---

69 Sed maximum est in amicitia parem esse inferiori. Saepe enim excellentiae[1] quaedam sunt, qualis erat Scipionis in nostro, ut ita dicam, grege. Numquam se ille Philo, numquam Rupilio, numquam Mummio anteposuit, numquam inferioris ordinis amicis, Q. vero Maximum fratrem, egregium virum omnino, sibi nequaquam parem, quod is anteibat aetate, tamquam superiorem colebat suosque omnes per se posse esse ampliores volebat.

70 Quod faciendum imitandumque est omnibus, ut, si quam praestantiam virtutis, ingenii, fortunae consecuti sint, impertiant ea suis communicentque cum proximis, ut, si parentibus nati sint humilibus, si propinquos habeant imbecilliore vel animo vel fortuna, eorum augeant opes eisque honori sint et dignitati. Ut in fabulis[2], qui aliquamdiu propter ignorationem stirpis[3] et generis in famulatu fuerunt, cum cogniti sunt et aut deorum aut regum filii inventi, retinent tamen caritatem in pastores, quos patres multos annos esse duxerunt[4]. Quod est multo profecto magis in veris patribus certisque faciendum. Fructus enim ingenii et virtutis omnisque praestantiae tum maximus capitur, cum in proximum quemque confertur.

71 Ut igitur ii, qui[5] sunt in amicitiae coniunctionisque necessitudine superiores, exaequare se cum inferioribus debent, sic inferiores non dolere se a suis aut ingenio aut fortuna aut dignitate superari. Quorum plerique aut queruntur semper aliquid aut etiam exprobrant, eoque

grēx, grēgis *m.* Herde, Kreis (von Leuten)

ēgregius, -a, -um außerordentlich
aetāte anteire älter sein
superior *hier* höher stehend
nēquāquam keineswegs
praestantia, -ae *f.* Vorzug
impertīre *hier* zukommen lassen
humilis -e einfach, von geringem Stand

famulātus, -ūs *m.* Knechtschaft

cōnferre zukommen lassen
necessitūdō, -dinis *f.* enge Verbindung
exaequāre sē sich gleichsetzen

exprobrāre Vorwürfe machen

magis, si habere se putant[6], quod officiose et amice et cum labore aliquo suo factum queant dicere. Odiosum sane genus hominum officia exprobrantium; quae meminisse debet is, in quem conlata sunt, non commemorare, qui contulit.

officiōsus, -a, -um gefällig
sānē *hier* in der Tat

1 **excellentiae quaedam** bedeutende Persönlichkeiten – 2 **in fābulīs** in den mythischen Geschichten – 3 **ignōrātiō stirpis** Unkenntnis der eigenen Herkunft – 4 **quos … esse duxerunt** *aci im Relativsatz:* von denen sie glaubten, dass – 5 **quī sunt in amicītiae coniunctionisque necessitūdine superiōrēs** diejenigen, die in dem engen Verhältnis der Freundschaft und Verwandtschaft eine höhere Position innehaben – 6 **sī habēre sē putant, quod** wenn sie glauben, einen Grund zu haben

Analyse und Interpretation

4 In c. 70 wird auf mythologische Beispiele verwiesen. Informieren Sie sich über Herakles, Theseus, Romulus und Remus und setzen Sie Ihre neuen Erkenntnisse in Beziehung zum Text.

5 Stellen Sie fest, ob jemand aus Ihrer Lerngruppe einen viel älteren Freund hat oder selbst mit einem viel jüngeren Menschen befreundet ist. Tauschen Sie Ihre Erfahrungen aus.

Der Hirte Faustulus bringt die verwaist aufgefundenen Zwillinge zu seiner Frau Larentia.
Kindheit des Romulus und des Remus, Sebastiano Ricci, ca. 1708, Yusupov Palace, St. Petersburg

GRUND- UND LERNWORTSCHATZ

īnferus, -a, -um	der, die, das untere
pār, paris (*Adv.* pariter)	gleich
ōrdō, ōrdinis *m.*	Stand, Gesellschaft
aetās, aetātis *f.*	Alter
praestantia, -ae *f.*	Vorzüglichkeit, Vortrefflichkeit
cōnsequi, -sequor, -secūtus sum	erreichen
impertīre, impertīō, impertīi, impertītum	zuteilen, mitteilen
communicāre, -cō, -cāvi, -cātum	gemeinsam machen, Anteil geben
ops, opis *f.*	Vermögen
ignōrātiō, -nis *f.*	Unkenntnis, Unwissenheit
stirps, stirpis *f.*	Abstammung
fructūs, -ūs *m.*	Genuss, Ertrag, Gewinn, Frucht
ingenium, -ī *n.*	Charakter, Verstand, Talent, Geist
coniunctiō, -ōnis *f.*	Verbindung
necessitūdō, -inis *f.*	enges Verhältnis, Verwandtschaft
dolēre, doleō, doluī	betrübt, beunruhigt, traurig sein, leiden
ōdiōsus, -a, -um	verhasst, hasserfüllt, widerwärtig

7.2 Freunden behilflich sein – im Rahmen des Möglichen

Höher stehende Persönlichkeiten, die Freundschaften mit einfacheren Menschen pflegen, haben nach der hier vertretenen Auffassung die Pflicht, ihren Freunden beim gesellschaftlichen, politischen oder auch wirtschaftlichen Aufstieg behilflich zu sein – soweit dies beide Seiten verkraften.

Sprachliche und inhaltliche Erschließung

1 Charakterisieren Sie die politische Situation in Rom um 132 v. Chr.
2 Erörtern Sie, welche Probleme bei einer asymmetrischen Freundschaft entstehen können.
3 Beschreiben Sie die Unterschiede zwischen Gerundium und Gerundivum.

Cicero, Laelius de amicitia 72–74

72 Quam ob rem ut ii, qui superiores sunt submittere se debent in amicitia, sic quodam modo[1] inferiores extollere. Sunt enim quidam qui molestas amicitias faciunt, cum ipsi se contemni putant; quod non fere contingit nisi iis qui etiam contemnendos se arbitrantur; qui hac opinione non modo verbis sed etiam opere levandi sunt.

73 Tantum autem cuique tribuendum, primum quantum ipse efficere possis, deinde etiam quantum ille quem diligas atque adiuves, sustinere. Non enim neque tu possis, quamvis excellas, omnes tuos ad honores amplissimos perducere, ut Scipio P. Rupilium potuit consulem efficere, fratrem eius L. non potuit. Quod si etiam possis quidvis deferre ad alterum, videndum est tamen, quid ille possit sustinere.

74 Omnino amicitiae corroboratis[2] iam confirmatisque et ingeniis et aetatibus[2] iudicandae sunt, nec si qui ineunte aetate venandi aut pilae studiosi[3] fuerunt, eos habere necessarios quos tum eodem studio praeditos dilexerunt. Isto enim modo nutrices et paedagogi iure vetustatis plurimum benevolentiae postulabunt; qui neglegendi quidem non sunt sed alio quodam modo aestimandi. Aliter amicitiae stabiles permanere non possunt. Dispares enim mores disparia studia sequuntur, quorum dissimilitudo dissociat amicitias; nec ob aliam causam ullam boni improbis, improbi bonis amici esse non possunt, nisi quod[5] tanta[6] est inter eos, quanta maxima potest esse, morum studiorumque distantia[5].

extollere emporheben

levāre befreien, erleichtern

Pūblius Rupīlius Consul 132 v. Chr.

corrōborāre stärken, kräftigen
ineunte aetāte *hier* von früher Jugend an
pila, -ae, *f.* Ball, Ballspiel
nūtrīx, -īcis *f.* Amme
vetustās, -ātis *f.* Alter, langes Bestehen

dispār, -aris ungleich, verschieden
dissociāre lösen, trennen, spalten

1 **quōdam modō** gewissermaßen – 2 **corroborātīs iam confirmātīsque et ingeniīs et aetātibus** wenn die geistigen Fähigkeiten und die Altersstufen entwickelt und gefestigt sind – 3 **venandī aut pilae studiōsī fuērunt** sie hatten die Jagd und das Ballspiel als Freizeitbeschäftigung – 4 **aliō quōdam modō** nach einem ganz anderen Maßstab – 5 **nisi quod** außer aus dem Grund, dass – 6 **tanta … quanta maxima … distantia** der denkbar größte Abstand

Analyse und Interpretation

4 Vergleichen Sie Freundschaften zwischen Kindern mit Freundschaften im Erwachsenenalter.

5 Bewerten Sie die Kernaussage des Kapitels 74.

6 Das unten abgebildete Denkmal zeigt die beiden ungleichen Freunde Harmodios und Aristogeiton, die als Tyrannenmöder in Athen hoch verehrt wurden und deren Bildnis auf dem Marktplatz von Athen stand. Beschreiben Sie das Denkmal.

GRUND- UND LERNWORTSCHATZ

īnferior, -ius	niedriger, geringer, schwächer
contemnere, contemnō, contempsī, contemptum	geringschätzen, verachten
extollere, extollō, extūlī	emporheben, erheben
submittere, submittō, submīsī, submissum	unterordnen
molestus, -a, -um	lästig, verdrießlich, unangenehm
opus, -eris *n.*	Arbeit, Werk
diligere, diligō, dilēxī, dilectum	hochachten, schätzen
adiūvāre, adiūvō, adiūvī, adiūtum	unterstützen, fördern, nähren
excellere, excellō, excelsī, excelsum	hervorragen, hervortun
efficere, efficiō, effēcī, effectum	hervorbringen, schaffen, bewirken, *(+ dopp. Akk.):* machen zu
aetās, -ātis *f.*	Alter
praeditus, -a, -um	begabt, versehen mit

Harmodios und Aristogeiton (Neapel, Archäologisches Nationalmuseum)

Grenzen der Freundschaft 8

8.1 Wann eine Freundschaft endet

Manchmal kann das einem Freund entgegengebrachte Wohlwollen diesem hinderlich sein für seinen weiteren Erfolg. Als Beispiel führt Cicero den griechischen Helden Neoptolemos an, Sohn des Achilleus. Neoptolemos war bei König Lykomedes, seinem Großvater, auf der Insel Skyros aufgewachsen. Lykomedes konnte seinen Enkel nicht daran hindern, in den trojanischen Krieg zu ziehen. Hier unterstützte er Odysseus dabei, den auf Lemnos ausgesetzten Philoktet zu überzeugen, sich mit seinen Bogen wieder dem Heer der Griechen anzuschließen, eine Vorbedingung für die Eroberung Troias. Mit Odysseus sitzt Neoptolemos auch im trojanischen Pferd. Bei der Stürmung der Stadt tötet Neoptolemos den trojanischen König Priamos und erhält als Kriegsbeute u.a. Hektors Witwe Andromache.

Sprachliche und inhaltliche Erschließung

1 Erläutern Sie, warum Neoptolemos hier als Sieger im trojanischen Krieg bezeichnet wird.
2 Was wäre gewesen, wenn Neoptolemos auf seinen Großvater gehört hätte?
3 Suchen Sie aus dem Text Wörter, die in leicht veränderter Form in der englischen (spanischen, französischen) Sprache vorkommen.

Cicero, Laelius de amicitia 75–76

75 Recte etiam praecipi potest in amicitiis, ne intemperata quaedam benevolentia, quod persaepe fit, impediat magnas utilitates[1] amicorum. Nec enim, ut ad fabulas redeam, Troiam Neoptolemus capere potuisset, si Lycomedem, apud quem erat educatus, multis cum lacrimis iter suum impedientem audire voluisset. Et saepe incidunt magnae res, ut discedendum sit ab amicis; quas[2] qui impedire vult, quod desiderium non facile ferat, is et infirmus est mollisque natura et ob eam ipsam causam in amicitia parum iustus.

76 Atque in omni re considerandum est, et quid postules ab amico et quid patiare[3] a te impetrari. Est etiam quaedam calamitas in amicitiis dimittendis non numquam necessaria; iam enim a sapientium familiaritatibus ad vulgares amicitias oratio nostra delabitur[4]. Erumpunt saepe vitia amicorum tum in ipsos amicos, tum in alienos, quorum tamen ad amicos redundet infamia. Tales igitur amicitiae sunt remissione[5] usus eluendae et, ut Catonem dicere audivi, dissuendae magis quam

nec enim denn nicht

non numquam manchmal, zuweilen
familiāritās -tātis *f.* vertrauter Umgang, enge Freundschaft
tum ... tum einmal ... ein anderes Mal
dissuere, -suō, -suī -sūtum (eine Freundschaft) allmählich auflösen

discindendae, nisi quaedam admodum intolerabilis iniuria exarserit, ut neque rectum neque honestum sit nec fieri possit, ut non statim alienatio disiunctioque[6] facienda sit.

discindere, discindō, -scīdī -scissum (eine Freundschaft) plötzlich abbrechen
aliénātio, -iōnis *f.* Entfremdung

---

1 māgnās ūtilitātēs bedeutende Interessen – **2 quās quī īmpedīre vult** wer diese nun verhindern möchte – **3 patiāre** = **patiāris** *(2. Sg.)* – **4 orātio nostra delābitur ad** unser Gespräch gleitet ab zu – **5 remissiōne ūsūs** durch Nachlassen des Umganges – **6 alienātio disiunctiōque** Entfremdung und Trennung

Analyse und Interpretation

4 Charakterisieren Sie die wahrscheinlichen Motive, die Lykomedes veranlassten, seinen Enkel von dem Kriegszug abzuhalten.
5 Beschreiben Sie Situationen oder Entwicklungen, die zur Auflösung von Freundschaften führen können oder führen müssen.
6 Diskutieren Sie in Kleingruppen, ob man einem Freund alles verzeihen kann.
7 Stellen Sie dar, wie man eine Freundschaft beenden kann.

GRUND- UND LERNWORTSCHATZ

intemperātus, -a, -um	unmäßig, übertrieben
lacrima, -ae *f.*	Träne
dēsīderium, -ī *n.*	Sehnsucht, Verlangen, Wunsch
considerāre	überlegen, prüfend beobachten
vitium, -ī *n.*	Fehler, Mangel
ēluere, ēluō, ēluī, ēlūtum	(Freundschaft) auflösen
exardēscere, exardēsco, exarsī, exarsum	entbrennen, ergriffen werden
disiunctio, -onis *f.*	Trennung
pati, patior, passus sum	erdulden, zulassen, ertragen, sich gefallen lassen

Odysseus und Neoptolemos im Trojanischen Pferd. Reliefpithos (Pithos von Mykonos oder Mykonos-Vase) mit der frühesten bekannten Darstellung des Trojanischen Pferdes (670 v. Chr.), Museum von Mykonos

8.2 Veränderungen in der Freundschaft

Freundschaften unter Weisen sind prinzipiell dauerhaft. Andere freundschaftliche Beziehungen können jedoch einem Wandel unterliegen, der zur Auflösung der Freundschaft führt. Leicht wird dann – zumal im politischen Bereich – aus Freundschaft erbitterte Feindschaft. Doch davor muss man sich hüten. Vermeidbar ist eine solche Veränderung, indem man bestehende Freundschaften zu erhalten versucht und überhaupt nur mit geeigneten Personen Freundschaft schließt.

Sprachliche und inhaltliche Erschließung

1 Stellen Sie aus dem Text die verschiedenen Pronomina zusammen und benennen Sie diese.
2 Beschreiben Sie Veränderungen, die zur Beendigung einer Freundschaft führen.
3 Finden Sie Synonyme für „die Freundschaft beenden".

Cicero, Laelius de amicitia 77–79

77 Sin autem aut morum aut studiorum commutatio quaedam, ut fieri solet, facta erit aut in rei publicae partibus[1] dissensio intercesserit (loquor enim iam, ut paulo ante dixi, non de sapientium, sed de communibus amicitiis), cavendum erit, ne non solum amicitiae depositae, sed etiam inimicitiae susceptae videantur. Nihil est enim turpius quam cum eo bellum gerere quocum familiariter vixeris. Ab amicitia Q. Pompei meo nomine[2] se removerat, ut scitis, Scipio; propter dissensionem autem, quae erat in re publica, alienatus est a collega nostro Metello; utrumque egit graviter, auctoritate et offensione animi non acerba[3].

78 Quam ob rem primum danda opera est ne qua[4] amicorum discidia fiant; sin tale aliquid evenerit, ut exstinctae potius amicitiae quam oppressae videantur. Cavendum[5] vero, ne etiam in graves inimicitias convertant se amicitiae; ex quibus iurgia, maledicta, contumeliae gignuntur. Quae tamen si tolerabiles erunt, ferendae sunt, et hic honos veteri amicitiae tribuendus, ut is in culpa sit qui faciat, non is qui patiatur iniuriam. Omnino omnium horum vitiorum atque incommodorum una cautio est atque una provisio, ut ne nimis cito diligere incipiant neve non dignos.

79 Digni autem sunt amicitia, quibus in ipsis inest causa cur diligantur. Rarum genus. Et quidem omnia praeclara rara, nec quicquam difficilius quam reperire, quod sit omni ex parte in suo genere perfectum. Sed plerique neque in rebus humanis quicquam bonum norunt, nisi quod[6] fructuosum sit, et amicos tamquam pecudes eos potissimum diligent, ex quibus sperant se maximum fructum esse capturos.

dissēnsio, -ōnis *f.* Zwietracht, Uneinigkeit

aliēnārī sich lossagen

iūrgium, -ī *n.* Streit
maledictum, -ī *n.* Schmähung, üble Nachrede
contumēlia, -ae *f.* Be-schimpfung Kränkung, Beleidigung

1 **in reī pūblicae partibus dissēnsiō** eine Meinungsverschiedenheit zwischen den politischen Parteien – 2 **meō nōmine** meinetwegen – 3 **auctoritāte et offensiōne animī nōn acerbā** ohne dass sein persönlicher Einfluss und seine innerliche Verstimmung dabei hervortraten – 4 **nē quā= nē aliquā** – 5 *erg.* **est** – 6 **nisī quod= nisī aliquod**

Analyse und Interpretation

4 Geben Sie den Text mit eigenen Worten wieder.

5 Darf man Freundschaften eingehen, um materiellen Gewinn zu erzielen? Erörtern Sie in Kleingruppen.

6 Vergleichen Sie den Satz *ne nimis cito diligere incipiant neve non dignos* mit der deutschen Sentenz: „Drum prüfe, wer sich ewig bindet, ob sich nicht doch 'was Bess'res findet". Nehmen Sie begründet Stellung dazu.

GRUND- UND LERNWORTSCHATZ

commūtātio, -ōnis *f.*	Veränderung, Wechsel
loquī, loquor, locūtus sum	sprechen
cavēre, cavēō, cavī, cautum *m. Akk.*	sich hüten (vor)
turpis, -e	hässlich, entstellt
familiāris, -e	vertraut, freundschaftlich
uterque, utraque, utrumque	jeder von beiden, beide
offēnsio, -ōnis *f.*	das Anstoßen
opera, -ae *f.*	Arbeit, Mühe, Bemühung
discidium, -iī *n.*	Trennung, Auflösung
tālis, -e	solch, so beschaffen
ēvenit *(unpersönlich)*	es tritt ein, ereignet sich, passiert
convertere, -vertō, vertī, versum	umkehren, umwenden, umdrehen
tolerābilis, -e	erträglich, leidlich
prōvīsiō, -ōnis *f.*	Vorsorge
rārus, -a, -um	selten, locker, dünn
frūctuōsus, -a, -um	fruchtbar, ertragreich
tamquam *(vergleichend)*	so wie, als, wie, gleichwie, wie wenn

8.3 Gesellschaft mit Gleichartigen

Viele Menschen schätzen diejenigen ihrer Freunde am meisten, von denen sie sich den größten Nutzen erhoffen. Doch können solche Menschen keine wahre Freundschaft erfahren. Dennoch ist die Sehnsucht nach Gesellschaft mit gleichartigen Wesen gewissermaßen ein Naturgesetz, wie ein Blick ins Verhalten von Tieren zeigt.

Sprachliche und inhaltliche Erschließung

1 Nennen Sie Synonyme für das Wort „lieben".

2 Erläutern Sie die Begriffe „Herdentrieb", „Schwarmintelligenz" und „splendid isolation".

3 Definieren Sie den Begriff *„vir bonus"*.

80 Ita pulcherrima illa et maxime naturali carent amicitia per se et propter se[1] expetita nec ipsi sibi exemplo sunt, haec vis amicitiae et qualis et quanta sit. Ipse enim se quisque diligit, non ut aliquam a se ipse mercedem exigat caritatis suae, sed quod per se sibi quisque carus est. Quod nisi idem in amicitiam transferetur, verus amicus numquam reperietur; est enim is, qui est tamquam alter idem[2].

81 Quod si hoc apparet in bestiis, volucribus, nantibus, agrestibus, cicuribus, feris, primum ut se ipsae diligant (id enim pariter cum omni animante nascitur), deinde ut requirant atque appetant, ad quas se applicent[3] eiusdem generis animantis, idque faciunt cum desiderio et cum quadam similitudine amoris humani, quanto id magis in homine fit natura! qui et se ipse diligit et alterum anquirit, cuius animum ita cum suo misceat, ut efficiat paene unum ex duobus.

82 Sed plerique perverse[4], ne dicam impudenter, habere talem amicum volunt, quales ipsi esse non possunt, quaeque ipsi non tribuunt amicis, haec ab iis desiderant. Par est[5] autem primum ipsum esse virum bonum, tum alterum similem sui quaerere. In talibus ea, quam iam dudum tractamus, stabilitas amicitiae confirmari potest, cum homines benevolentia coniuncti primum cupiditatibus[6] iis, quibus ceteri serviunt, imperabunt, deinde aequitate iustitiaque gaudebunt, omniaque alter pro altero suscipiet, neque quicquam umquam nisi honestum et rectum alter ab altero postulabit, neque solum colent inter se ac diligent sed etiam verebuntur. Nam maximum ornamentum amicitiae tollit, qui ex ea tollit verecundiam.

volucris, volucris *f.* Vogel
nantēs schwimmende Tiere (nāre schwimmen)
agrestis, agrestis *m.* (auf dem Felde lebende) Tiere
cicur, cicuris zahm
dēsīderium, -ī *n.* Sehnsucht, Verlangen, Wunsch
similitūdō, -dinis *f.* Ähnlichkeit, Gleichnis
anquirere, anquirō, anquisīvī, anquīsītum suchen, erforschen, untersuchen
impudenter schamlos, unverschämt

ornamentum, -ī, *n.* Zierde, Auszeichnung
verēcundia, -ae *f.* Scheu, Rücksicht, Scham

1 **per sē et propter sē** an sich und ihrer selbst wegen – 2 **alter idem** ein zweites Ich – 3 **applicāre ad** sich jmd. anschließen – 4 **perversē** *Adv.* in verkehrter Weise – 5 **pār est** *mit aci* es ist angemessen, es gehört sich – 6 **cupiditātibus imperāre** die Leidenschaften beherrschen

Analyse und Interpretation

4 Erörtern Sie die Behauptung in c. 80: *verus amicus (est) alter idem.*

5 Nehmen Sie Stellung zu der in c. 82 formulierten Aussage, dass nur ein *vir bonus* wahre Freundschaft schließen kann.

6 Arbeiten Sie heraus, welche „Naturgesetze" es bei Freundschaften gebe.

7 Beurteilen Sie die Aussage, dass es bei Freundschaften „Naturgesetze" gebe.

GRUND- UND LERNWORTSCHATZ

carēre, careō, caruī *mit Abl.*	frei sein von, entbehren
expetere, expetō, expetīvī, expetītum	streben nach, begehren
quisque	jeder einzelne, jeder für sich
exigere, exigō, exēgī, exactum	einfordern, hinaustreiben, zu Ende führen
cāritās, -tātis *f.*	hoher Preis, Hochachtung, Liebe
trānsferre, trānsferō, trānstulī, trānslātum	hinüberbringen, übertragen,
reperire, reperiō, repperī, repertum	wieder zum Vorschein bringen, finden
ferus, -a, -um	wild, unmenschlich
appetere, appetō, appetīvī, appetitum	losgehen, angreifen, verlangen
applicāre, applicō, applicāvī, applicātum	heranbringen, anschließen, anfügen
efficere, efficiō, effēcī, effectum	erreichen, vollenden, bewirken
tālis, -e	so (beschaffen), solch
dēsīderāre, dēsīderō, dēsīderāvi, dēsīderātum	verlangen, vermissen, herbeisehnen
tractāre, tractō, tractāvi, tractātum	behandeln, besprechen, lenken
stabīlitās, -tātis *f.*	das Feststehen, die Festigkeit
aequitās, -tātis *f.*	Gelassenheit, innere Ruhe

Freundschaft braucht Tugend 9

9.1 Wahre Freundschaft dient der *virtus*

Wahre Freundschaft dient nicht dem Laster oder dem Lustgewinn, sondern der Tugend *(virtus)*. Denn wirkliche Freundschaft ist ohne *virtus* nicht möglich. Männer, die *virtus* besitzen oder nach ihr streben, können gewissermaßen naturgegeben wahre Freundschaft pflegen.

Sprachliche und inhaltliche Erschließung

1 Beschreiben Sie, was ein Römer unter *virtus* verstanden hat.

2 Nennen Sie die Kardinaltugenden und erklären Sie sie.

Cicero, Laelius de amicitia 83–85

83 Itaque in iis perniciosus est error, qui existimant libidinum peccatorumque omnium patere in amicitia licentiam; virtutum amicitia adiutrix a natura data est, non vitiorum comes, ut, quoniam solitaria non posset virtus ad ea, quae summa sunt, pervenire, coniuncta et consociata cum altera[1] perveniret[2]. Quae si quos[3] inter societas aut est aut fuit aut futura est, eorum est habendus ad summum naturae bonum optumus beatissimusque comitatus.

84 Haec est, inquam, societas, in qua omnia insunt, quae putant homines expetenda, honestas, gloria, tranquillitas animi atque iucunditas, ut et, cum haec adsint, beata vita sit et sine his esse non possit. Quod cum optimum maximumque sit, si id volumus adipisci, virtuti opera danda est, sine qua nec amicitiam neque ullam rem expetendam consequi possumus; ea vero neglecta[4] qui se amicos habere arbitrantur, tum se denique errasse sentiunt, cum eos gravis aliquis casus experiri cogit.

85 Quocirca (dicendum est enim saepius), cum iudicaris, diligere oportet, non, cum dilexeris, iudicare. Sed cum multis in rebus neglegentia plectimur[5], tum maxime in amicis et deligendis et colendis; praeposteris enim utimur consiliis et acta agimus[6], quod vetamur vetere proverbio. Nam implicati[7] ultro et citro vel usu diuturno vel etiam officiis repente in medio cursu amicitias exorta aliqua offensione disrumpimus.

error, -ōris *m.* das Irren, der Irrtum, Fehler
perniciōsus, -a, -um verderblich
adiūtrīx -īcis *f.* Helferin
consociātus, -a, -um innig verbunden
optumus, -a, -um *(altl.)* = optimus, -a, -um
iucunditās, -tātis *f.* Annehmlichkeit
adipīsci, adipiscor, adeptus sum erlangen, erreichen, erhalten
quōcircā deshalb, deswegen
iūdīcāris = iūdīcāveris
praeposterus, -a, -um verkehrt
proverbium, -ī *n.* Spruch
ultrō et citrō wechselseitig
disrumpere abbrechen

1 **cum alterā (virtūte)** *lies* **cum virtūte alterīus** – 2 *erg.* **virtus** – 3 **sī quōs** *lies* **sī (ali-)quōs** – 4 *Abl. abs. (Abl. m. Prädid.)* – 5 **neglegentiā plēctimur** wir werden wegen unserer Nachlässigkeit bestraft – 6 **acta agimus** wir tun Getanes – 7 **implicātī** obwohl wir gebunden sind durch *(prädikatives Partizip)*

Analyse und Interpretation

3 Für Cicero gehören zur *beata vita: gloria, tranquillitas animi atque iucunditas.* Formulieren Sie eine eigene Definition von *beata vita*!
4 Paraphrasieren Sie den Text.
5 Erörtern Sie, ob auch Frauen *virtus* besitzen können. Beziehen Sie auch das antike Phänomen der Amazonen (vgl. Abb.) ein.

GRUND- UND LERNWORTSCHATZ

libīdō, -dinis *f.*	Lust, Begierde
peccātum, -ī *n.*	Vergehen, Sünde
beātus, -a, -um	glücklich, bereichert, begütert
solitārius, -a, -um	allein, einsam, einzeln
societās, -tātis *f.*	Gemeinsamkeit, Bündnis
comitāri, comitor, comitātus sum	begleiten
expetere, expetō, expetīvī, expetītus	nach etw. streben, etw. erreichen wollen
consequi, consequor, consecūtus sum	folgen, erreichen
dēnique	schließlich
experīri, experior, expertus sum	versuchen, erproben, prüfen
saepius *(Komparativ v. saepe)*	öfter

Statue einer Amazone, Rom, Kapitolinische Museen

9.2 Leben ohne Freundschaft ist kein Leben

Sprachliche und inhaltliche Erschließung

1 Geben Sie das vorangegangene Kapitel mit eigenen Worten wieder.

Cicero, Laelius de amicitia 86–87

86 Quo etiam magis vituperanda est rei maxime necessariae tanta incuria. Una est enim amicitia in rebus humanis, de cuius utilitate omnes uno ore consentiunt. Quamquam a multis virtus ipsa contemnitur et venditatio quaedam atque ostentatio[1] esse dicitur; multi divitias despiciunt, quos parvo contentos tenuis victus cultusque[2] delectat; honores vero, quorum cupiditate quidam inflammantur, quam multi ita contemnunt, ut nihil inanius, nihil esse levius existiment! itemque cetera, quae quibusdam admirabilia videntur, permulti sunt, qui pro nihilo putent; de amicitia omnes ad unum idem sentiunt, et ii, qui ad rem publicam se contulerunt[3], et ii, qui rerum cognitione doctrinaque delectantur, et ii, qui suum negotium gerunt otiosi, postremo ii, qui se totos tradiderunt voluptatibus, sine amicitia vitam esse nullam, si modo velint aliqua ex parte liberaliter vivere.

87 Serpit enim – nescio quo modo – per omnium vitas amicitia nec ullam aetatis degendae rationem patitur esse expertem sui. Quin etiam si quis[4] asperitate ea est et immanitate naturae, congressus ut hominum fugiat atque oderit, qualem fuisse Athenis Timonem[5] nescio quem accepimus, tamen is pati non possit, ut non anquirat aliquem, apud quem evomat virus acerbitatis suae[6]. Atque hoc maxime iudicaretur, si quid[7] tale posset contingere, ut aliquis nos deus ex hac hominum frequentia tolleret et in solitudine uspiam collocaret atque ibi suppeditans omnium rerum, quas natura desiderat, abundantiam et copiam hominis omnino aspiciendi potestatem eriperet. Quis tam esset ferreus, qui eam vitam ferre posset, cuique non auferret fructum voluptatum omnium solitudo?

vituperāre tadeln
incūria, -ae *f.* Nachlässigkeit, Leichtsinn
ōs, -oris *n.* Mund
venditātiō, -ōnis *f.* Großtuerei
ostentātiō, -ōnis *f.* Prahlerei
admirābilis, -e bewundernswert
nihilō umsonst
doctrīna, -ae *f.* Bildung, Lehre
ōtiōsus, -a, -um ohne politische Aufgabe
dēgere, dēgō, dēgī leben
frequentia, -ae *f.* Umgang
ūspiam irgendwo
abundantia, -ae *f.* Überfluss
ferreus, -a, -um eisern

1 **venditātio quaedam atque ostentātio** eine Art der Großtuerei und Prahlerei – 2 **tenuis victus cultusque** einfache Kost und Lebenshaltung – 3 **ad rem pūblicam sē conferre** die politische Laufbahn einschlagen – 4 **sī quis** *lies* **sī (ali-)quis** – 5 **Timo, -ōnis** *Timon soll im 5. Jahrhundert v. Chr. in Athen gelebt haben. Aus einer misanthropischen Grundhaltung habe er seine Mitbürger und ihre angeblich verdorbenen Sitten verspottet.* – 6 **virus acerbitātis suae** das Gift seiner eigenen Verbitterung – 7 **sī quid** *lies* **sī (ali-)quid**

Analyse und Interpretation

2 Gliedern Sie den Text.
3 Stellen Sie aus dem Text zusammen, worauf Menschen verzichten oder was Sie entbehren können.
4 Erörtern Sie in Dreiergruppen: Was können Sie entbehren? Was verabscheuen Sie?
5 *sine amicitia vitam esse nullam*: Erörtern Sie den hier zu Grunde gelegten Begriff von Freundschaft auf dem Hintergrund moderner sozialer Netzwerke (s.u.)!

GRUND- UND LERNWORTSCHATZ

consentīre, consentiō, consēnsī, consensum	übereinstimmen, sich einigen
contemnere, contemnō, contempsī, contemptum	verachten, unterschätzen
contentus, -a, -um + *Abl.*	zufrieden (mit etw.)
honor, -is *m.*	Ehre, Ansehen, Ehrenamt
postremō *Adv.*	schließlich, zuletzt
serpere, serpō, serpsī	kriechen, sich schlängeln
asperitās, -ātis *f.*	Rauheit, Härte
immānitās, -ātis *f.*	Grausamkeit, Unmenschlichkeit
congressus, -ūs *m.*	Zusammentreffen
ōdisse, ōdī	hassen
anquirere, anquirō, anquīsīvī, anquīsītum	aufsuchen, erforschen
ēvomere, ēvomō, ēvomuī, ēvomitum	erbrechen, ausspeien
acerbitas, -atis *f.*	Strenge, Bitterkeit
iudicāre, iudicō, iudicāvī, iudicātum	urteilen, entscheiden
contingere, contingō, contīgī, contāctum	berühren, erreichen; sich ereignen
suppeditāre	zur Vefügung stellen; ausreichen, genügen

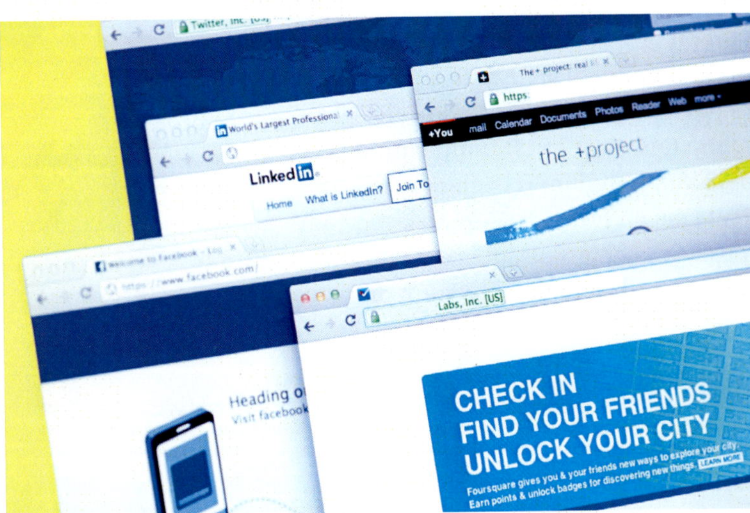

Wie sozial sind sogenannte soziale Netzwerke?

Kritik an Freunden

10

10.1 Ist Kritik am Freund erlaubt?

Eine gebildete Unterhaltung zwischen römischen Intellektuellen wurde gerne angereichert durch thematisch passende Zitate aus der Literatur. Hier zitiert *Laelius* zunächst mit Archytas von Tarent einen bedeutenden griechischen Wissenschaftler und Philosophen, weiter unten dann den römischen Komödiendichter P. Terentius Afer.

Sprachliche und inhaltliche Erschließung

1 Skizzieren Sie das Werk der im Einleitungstext genannten Schriftsteller.
2 Charakterisieren Sie die Philosophie des Pythagoras.
3 Erklären Sie, was ein AcI im Relativsatz ist und wie man ihn übersetzt.

Cicero, Laelius de amicitia 88–89

88 Verum ergo illud est, quod a Tarentino Archyta[1], ut opinor, dici solitum nostros senes commemorare audivi ab aliis senibus auditum: *si quis in caelum ascendisset naturamque mundi et pulchritudinem siderum perspexisset, insuavem illam admirationem ei fore; quae iucundissima fuisset, si aliquem, cui narraret, habuisset.* Sic natura solitarium nihil amat semperque ad aliquod tamquam adminiculum adnititur; quod in amicissimo quoque dulcissimum est. Sed cum tot signis eadem natura declaret, quid velit, anquirat, desideret, tamen obsurdescimus – nescio quo modo – nec ea, quae ab ea monemur[2], audimus. Est enim varius et multiplex usus amicitiae, multaeque causae suspicionum offensionumque dantur, quas tum evitare, sapientis est[3]; una illa sublevanda offensio est, ut et utilitas in amicitia et fides retineatur: nam et monendi amici saepe sunt et obiurgandi, et haec accipienda amice, cum benevole fiunt.

commemorāre erinnnern

īnsuāvis, -e nicht angenehm, ohne Reiz

sōlitārius, -a, -um einsam
adminiculum, -ī *n.* Stütze, Beistand

anquirere, -quirō, -quisīvī, -quisītum ringsumher suchen
obsurdēscere, obsurdēscō, obsurduī taub werden

sublevāre aufrichten, emporheben

obiurgāre tadeln

benevolē *Adv.* wohlwollend

89 Sed nescio quo modo verum est, quod in *Andria* familiaris meus dicit: *Obsequium amicos, veritas odium parit.*
Molesta veritas, siquidem ex ea nascitur odium, quod est venenum amicitiae, sed obsequium multo molestius, quod peccatis indulgens praecipitem amicum ferri[4] sinit; maxima autem culpa in eo, qui et veritatem aspernatur et in fraudem obsequio impellitur. Omni igitur hac in re habenda ratio et diligentia est, primum ut monitio acerbitate, deinde ut obiurgatio contumelia careat; in obsequio autem, quoniam Terentiano verbo libenter utimur, comitas adsit, assentatio, vitiorum adiutrix, procul amoveatur, quae non modo amico, sed ne libero quidem digna est; aliter enim cum tyranno, aliter cum amico vivitur.

familiāris *hier* Freund; gemeint ist P. Terentius Afer, Verfasser der Komödie *Andria*.
obsequium, -ī *n.* Nachgiebigkeit
indulgēns, -entis nachsichtig, gütig, gnädig

acerbitās, -ātis *f.* Herbheit

1 **Archytas** *aus Tarent (4. Jh. v. Chr.) bekannter Staatsmann und Wissenschaftler, Anhänger der pythagoreischen Philosophie, die in der römischen Oberschicht des ausgehenden 2. Jhs. beliebt war.* – 2 **nec ea, quae ab eā (naturā) monēmur, audīmus** wir hören nicht auf das, wozu wir von ihr aufgefordert werden. – 3 **sapientis est** es ist die Plicht des weisen Menschen – 4 **praecipitem amīcum ferri sinere** den Freund ins Verderben stürzen lassen

Analyse und Interpretation

4 Interpretieren Sie die Zitate aus Ihrer Sicht.
5 *et monendi amici saepe sunt et obiurgandi*: Erörtern Sie, ob es üblich und sinnvoll ist, Freunde zu kritisieren.
6 Haben Sie selbst Erfahrungen gemacht, wie dieser Text sie beschreibt? Berichten Sie darüber in Kleingruppen.

GRUND- UND LERNWORTSCHATZ

opinãri, opinor, opinātus sum	vermuten, meinen
ascendere, ascendō, ascendī, ascensum	besteigen, erklimmen
perspicere, perspiciō, perspēxī, perspectum	besichtigen, beschauen
admīrātiō, -ōnis *f.*	Bewunderung, Interesse
iūcundus, -a, -um	erfreulich, angenehm
dulcis, -e	süß, lieblich, angenehm
multiplex, -plicis	vielfältig, vielfach
quōniam	als, nachdem, da nun
īgnis, -is *m.*	Feuer

10.2 Ehrlichkeit und Offenheit in der Freundschaft

Laelius bemüht hier starke Argumente für seine These, dass zu wahrer Freundschaft ein kritischer, konfliktfreudiger Umgang gehört. Denn Freunde, die einander nicht die Wahrheit sagen, schaden einander mehr als Feinde, die ja gerne gerade unangenehme Wahrheiten aussprechen.

Sprachliche und inhaltliche Erschließung

1 Die im Text vorkommenden Begriffe *adulatio, blanditia* und *assentatio* bedeuten jeweils „Schmeichelei". Formulieren Sie deutsche Synonyme dafür.

2 *monere et moneri proprium est verae amicitiae* (c. 91). Bestimmen Sie jedes einzelne Wort. Übersetzen Sie dann diesen Satz. Können Sie zustimmen?

3 Wiederholen Sie die Bildung der Adverbien (auch die Adverbien in Steigerungsformen).

Cicero, Laelius de amicitia 90–92

90 Cuius autem aures clausae veritati sunt, ut ab amico verum audire nequeat, huius salus desperanda[1] est. Scitum est enim illud Catonis[2], ut multa: *melius de quibusdam acerbos inimicos mereri quam eos amicos, qui dulces videantur; illos verum saepe dicere, hos numquam.* Atque illud absurdum, quod ii, qui monentur, eam molestiam, quam debent capere, non capiunt, eam capiunt, qua debent vacare; peccasse[3] enim se non anguntur, obiurgari moleste ferunt; quod contra oportebat, delicto dolere, correctione gaudere.

91 Ut igitur et monere et moneri proprium est verae amicitiae et alterum libere facere, non aspere, alterum patienter accipere, non repugnanter, sic habendum est nullam in amicitiis pestem esse maiorem quam adulationem, blanditiam, assentationem; quamvis enim multis nominibus est hoc vitium notandum levium hominum atque fallacium ad voluntatem loquentium omnia, nihil ad veritatem.

92 Cum autem omnium rerum simulatio vitiosa est (tollit enim iudicium veri idque adulterat), tum amicitiae repugnat maxime; delet enim veritatem, sine qua nomen amicitiae valere non potest. Nam cum amicitiae vis sit in eo, ut unus quasi animus fiat ex pluribus, qui id fieri poterit, si ne in uno quidem quoque unus animus erit idemque semper, sed varius, commutabilis, multiplex?

angere, angō, anxī beengen, quälen, beunruhigen

pestis, -is *f.* Seuche, Unheil
adulātiō, -ōnis *f.* Schmeichelei
blanditia, -ae *f.* Schmeichelei
assentātiō, -ōnis *f.* Schmeichelei
simulātiō, -ōnis *f.* Heuchelei
vitiōsus, -a, -um fehlerhaft, mangelhaft
adulterāre, adulterō, adulterāvī, adulterātum (ver-)fälschen, verändern
varius, -a, -um *hier* wankelmütig
commūtābilis, -e veränderlich

1 **salus desperanda est** man muss an dem Wohlergehen zweifeln – 2 **scitum est illud Catōnis, ut multa** bekannt ist, wie viele, jener Ausspruch Catos – 3 **peccāsse = peccavisse**

Analyse und Interpretation

4 *et monere et moneri proprium est verae amicitiae*: Beurteilen Sie diese Aussage.

5 Erörtern Sie, inwieweit Freundschaft ohne Offenheit und Ehrlichkeit möglich ist.

6 Beschäftigen Sie sich mit der historischen Gestalt des Cato maior und seinen Sentenzen.

GRUND- UND LERNWORTSCHATZ

nequīre, nequeō, nequīvī, nequītum	nicht können
absurdus, -a, -um	abwegig, unpassend, ungereimt
vacāre, vacō, vacāvī, vacātum	frei sein, leer sein, nicht haben
peccāre, peccō, peccāvī, peccātum	etw. verkehrt machen, (ver)fehlen
obiūrgāre, obiūrgāvī, obiūrgātum	tadeln, mahnen
dolēre, doleō, doluī	schmerzen, bedauern, betrübt sein
levis, -e	leichtsinnig, unbeständig
fallāx, fallācis	(be)trügerisch, täuschend, hinterhältig
vitiōsus, -a, -um	fehlerhaft, mangelhaft, lasterhaft
multiplex, -plicis	vielfältig, vielfach, mannigfaltig

Von Cato sind noch andere Sentenzen bekannt:

Ceterum censeo Carthaginem esse delendam.

(Im Übrigen bin ich der Meinung, dass Karthago zerstört werden muss.)

Rem tene, verba sequentur.

(Halte Dich an die Sache, dann werden die Worte schon folgen.)

Animus in consulendo liber.

(In der Beratung ein freier Sinn.)

Vir bonus, dicendi peritus.

(Der Redner ist laut Cato „ein guter Mann, der des Redens kundig ist".)

Marcus Porcius Cato der Ältere, G. Crabb Universal historical dictionary, 1825

10.3 Heuchelei in der Freundschaft

Schmeichelei und Heuchelei gibt es in menschlichen Beziehungen, wie Ciceros *Laelius* hier feststellt, leider oft. Dabei schadet solch unehrliches Verhalten dem Gegenüber. Freunde, die heucheln, wird man wohl kaum als wahre Freunde bezeichnen dürfen.

Sprachliche und inhaltliche Erschließung

1 Stellen Sie aus dem Text alle Begriffe zusammen, die in die Wortfelder „ ehrlich/echt" und „unehrlich/unecht" passen.

2 Nennen Sie eigene Beispiele für Heuchelei in einer Freundschaft.

Cicero, Laelius de amicitia 93–95

93 Quid enim potest esse tam flexibile, tam devium quam animus eius, qui ad alterius non modo sensum ac voluntatem, sed etiam vultum atque nutum convertitur[1]? *Negat quis, nego; ait, aio; postremo imperavi egomet[2] mihi omnia adsentari,* ut ait idem Terentius, sed ille in Gnathonis persona[3], quod amici genus adhibere omnino levitatis est.

94 Multi autem Gnathonum similes[4], cum sint loco, fortuna, fama superiores, horum est assentatio molesta, cum ad vanitatem accessit auctoritas.

95 Secerni autem blandus amicus a vero et internosci tam potest adhibita diligentia, quam omnia fucata et simulata a sinceris atque veris. Contio, quae ex imperitissimis constat, tamen iudicare solet, quid intersit inter popularem, id est assentatorem et levem civem, et inter constantem et severum et gravem.

dēvium abseits vom Weg
nūtus, -ūs *m.* Nicken, Wille
locus, -ī *m. hier* gesellschaftliche Herkunft
assentātiō, -onis *f.* Schmeichelei, Zustimmung
sēcernere, sēcernō, -crēvī, -crētum absondern, trennen, verwerfen
blandus, -a, -um einschmeichelnd
imperītus, -a, -um unerfahren
omnia fūcāta alles Verfälschte
quid intersit welcher Unterschied besteht
populāris, -is volksnaher Politiker, Demagoge

1 **convertitur ad** sich zuwenden, sich ausrichten nach – 2 **egōmet = egō** – 3 **Gnathōnis persona** in der Rolle des Gnatho (schmeichelnder Schmarotzer in der Terenz-Komödie *Der Eunuch*) – 4 **Multī autem Gnathōnum similēs** Viele aber sind dem Gnatho ähnlich.

Analyse und Interpretation

3 Charakterisieren Sie anhand des Terenz-Verses in c. 93 die Haltung des Sprechers zu seiner Bezugsperson.

4 In c. 95 werden zwei Arten von Freunden zwei Typen von Politikern gegenübergestellt. Arbeiten Sie heraus, welche Eigenschaften ein *blandus amicus* und ein *sincerus amicus* aufweisen. Nehmen Sie dabei Ihre Ergebnisse aus Aufgabe 1 zu Hilfe .

GRUND- UND LERNWORTSCHATZ

valēre, valeō, valuī	stark sein, Einfluss haben
convertere, convertō, convertī, conversum	(um)wandeln, (um)drehen
adsentāri, adsentor, adsentātum	zustimmen
adhibēre, adhibeō, adhibuī, adhibitum	anwenden, verwenden, heranziehen
levitās, -ātis *f.*	Leichtigkeit, Leichtsinn
vānitās, -tātis *f.*	Nichtigkeit, Schein, Misserfolg
accēdere, accēdō, accessī, accessum	herankommen, sich nähern
internōscere, internōscō, internōvī	sich voneinander unterscheiden
sincērus, -a, -um	aufrichtig, echt
dīligentia, -ae *f.*	Sorgfalt, Gründlichkeit
contiō, -ōnis *f.*	Versammlung

10.4 Heuchelei beschädigt den Freund

Im Anschluss an das vorangegangene Kapitel belegt Laelius mit Beispielen aus seiner eigenen Erfahrung als politisch aktiver Patrizier in Kapitel 96 seine Behauptung, dass eine Volksversammlung, selbst wenn sie aus unerfahrenen Personen besteht, dennoch zwischen Falschem und Richtigem zu unterscheiden weiß. In Kapitel 97 erfolgt der Übertrag vom Politisch-Öffentlichen in die Privatsphäre der Freundschaft.

Sprachliche und inhaltliche Erschließung

1 Wiederholen Sie die Kernaussage des Kapitels 95.
2 Stellen Sie dar, wie der Konjunktiv im Hauptsatz verwendet werden kann.
3 Beschreiben Sie den Gebrauch des Konjunktivs in Nebensätzen.

Cicero, Laelius de amicitia 97[1]

97 Quod si in scaena[2], id est in contione, in qua rebus fictis et adumbratis loci plurimum est, tamen verum valet, si modo id patefactum et illustratum est, quid in amicitia fieri oportet, quae tota veritate perpenditur? in qua nisi[3], ut dicitur, apertum pectus videas tuumque ostendas, nihil fidum, nihil exploratum habeas, ne amare quidem aut amari, cum, id quam vere fiat, ignores. Quamquam[4] ista assentatio, quamvis perniciosa sit, nocere tamen nemini potest nisi ei qui eam recipit atque ea delectatur. Ita fit, ut is assentatoribus patefaciat aures suas maxime, qui ipse sibi assentetur et se maxime ipse delectet.

rēs fictae et umbrātae Erfindungen und Erdichtungen

patefacere, patefaciō, patefēcī, patefactum weit öffnen, enthüllen
illūstrāre, illūstrō, illūstrāvī, illūstrātum erleuchten, verherrlichen

assentātiō, -iōnis *f.* Schmeichelei, Liebedienerei
perniciōsus, -a, -um unheilvoll, gefährlich
assentāri, assentor, assentātus sum in allem beipflichten, schmeicheln

1 *Kapitel 96 wird hier ausgelassen, da es auf politische Erfahrungen der Gesprächsteilnehmer eingeht.* – 2 **in scaenā** auf der Bühne, also in der (politischen) Öffentlichkeit – 3 **nisī apertum pectus videas tuumque ostendas** *(= kond. GS)*, **nihil fīdum … habeas** *(= HS)*. – 4 **Quamquam** *hier mit HS:* dennoch, freilich

Analyse und Interpretation

4 Arbeiten Sie heraus, welche negativen Wirkungen Heuchelei in einer Freundschaft erzielt.

5 Beschreiben Sie Situationen, in denen man sich gegen einschmeichelnde Heuchelei zur Wehr setzen kann oder sogar muss.

GRUND- UND LERNWORTSCHATZ

reficere, reficiō, refēcī, refectum	wiederherstellen
dissuādere, dissuādeō, dissuāsī, dissūasum	abraten
libēns, *Gen.*: libentis	gern, freudig, bereitwillig
māiestas, māiestātis *f.*	Größe, Würde
cōmitās, cōmitātis *f.*	Fröhlichkeit, Freundlichkeit
scaena, -ae *f.*	Theater, Bühne, Schauspiel
oportēre, oportet, oportuit	nötig sein, sollen, nicht dürfen
perpendere, perpendō, perpendī, perpēnsum	genau abwägen, genau untersuchen
ostendere, ostendō, ostendī, ostentum	vorhalten, zeigen, wissen lassen, darlegen
nocēre, nocēo, nocuī, nocitum	schaden, Unrecht tun

Theater in Ostia. Ein antikes Theater besteht aus dem Spielfeld (Orchestra), dem Zuschauerraum (Theatron) und dem Bühnengebäude (Scaena), das hier an seinen Grundmauern erkennbar ist.

10.5 Heuchelei und scheinbare Freundschaft

Zweifellos gibt es in zwischenmenschlichen Beziehungen Schmeicheleien, die man gerne hört, deren Gehalt aber nicht der Wahrheit entspricht. Solche zwischenmenschlichen Beziehungen basieren aber nicht auf echter *virtus*, sondern nur auf einer falsch verstandenen *(opinio virtutis)*. Allerdings kann sogar ein charakterfester Mensch auf einen Heuchler hereinfallen, wenn dieser sich in schlauer, verdeckter Weise beliebt zu machen versucht.

Sprachliche und inhaltliche Erschließung

1 Wiederholen Sie, was Sie über den Begriff der *virtus* bereits in Erfahrung gebracht haben.
2 Erstellen Sie eine Liste mit Vokabeln zum Wortfeld „einschmeicheln".

Cicero, Laelius de amicitia 98–99

98 Omnino est amans sui virtus; optime enim se ipsa novit, quamque amabilis sit, intellegit. Ego autem non de virtute nunc loquor, sed de virtutis opinione. Virtute enim ipsa non tam multi praediti esse quam videri volunt. Hos delectat assentatio, his fictus ad ipsorum voluntatem sermo cum adhibetur, orationem illam vanam testimonium esse laudum suarum putant. Nulla est igitur haec amicitia, cum alter verum audire non vult, alter ad mentiendum paratus est. (…)

99 Quam ob rem, quamquam blanda ista vanitas apud eos valet, qui ipsi illam allectant et invitant, tamen etiam graviores constantioresque[1] admonendi sunt, ut animadvertant, ne callida assentatione capiantur. Aperte enim adulantem nemo non videt, nisi qui admodum est excors; callidus[2] ille et occultus ne se insinuet, studiose cavendum est; nec enim facillime agnoscitur, quippe qui etiam adversando saepe assentetur et litigare se simulans blandiatur atque ad extremum det manus[3] vincique se patiatur, ut is, qui illusus sit, plus vidisse videatur. Quid autem turpius quam illudi? Quod ut ne accidat, magis cavendum est. (…)

praeditus, -a,- um *mit Abl.* ausgestattet mit
assentātiō, -ōnis *f.* Schmeichelei
vānus, -a, -um inhaltslos, leer, hohl
testimōnium, -i *n.* Zeugnis, Beweis
mentīri, mentior, mentitus sum lügen
blandus, -a, -um schmeichelnd, reizend
vānitās, -ātis *f.* Lüge, Nichtigkeit, Schein

adūlāri, adūlor, adūlātus sum schmeicheln
admodum völlig, ganz, sehr
excors, *Gen.* **excordis** einfältig, dumm
adversāri, adversor, adversatus sum sich widersetzen, widersprechen
blandīri, blandior, blanditus sum schmeicheln

1 **graviōrēs constantiōrēsque** bedeutendere und beständigere Männer – 2 **callidus ille et occultus nē sē insinuet, studiōsē cavendum est** *umstellen* **studiōsē cavendum est** *(HS)*, **nē callidus ille et occultus sē insinuet** *(GS)* – 3 **manus dare** die Waffen strecken, nachgeben

Analyse und Interpretation

3 *Quid autem turpius quam illudi?* Nehmen Sie dazu begründet Stellung.

4 Erörtern Sie den letzten Satz von Kapitel 98.

GRUND- UND LERNWORTSCHATZ

praeditus, -a,- um *mit Abl.*	ausgestattet mit, begabt mit
adhibēre, adhibeō, adhibuī, adhibitum	anwenden, herbeiziehen
ingēns, *Gen.* **ingentis**	riesig
valēre, valeō, valuī	stark sein, imstande sein
allectāre, allectō, allectāvī, allectātum	anlocken
animadvertere, -vertō, -vertī, -versum	erkennen, bemerken
callidus, -a, -um	schlau, listig, eingeübt
īnsinuāre, īnsinuō, īnsinuāvī, īnsinuātum	eindrängen, eindringen
āgnōscere, āgnōscō, āgnōvī, āgnitum	erkennen, wahrnehmen, zugeben
lītigāre, lītigō, lītigāvī, lītigātum	streiten
pati, patior, passus sum	erlauben, zulassen, erleiden
illūdere, illūdō, illūsī, illūsum	verspotten, betrügen

Theatermaske am Theater von Ostia

11 Wirkliche Freundschaft

11.1 Echte Freundschaft entspringt der *virtus*

In den zurückliegenden Kapiteln scheint Laelius von seinem Thema ‚wahre Freundschaft' etwas abgedriftet zu sein in Richtung ‚oberflächliche Bekanntschaft'. Deshalb kehrt er jetzt zum eigentlichen Thema zurück und kündigt das Ende der Erörterung an. Basis für wahrhafte Freundschaft sei die *virtus*.

Sprachliche und inhaltliche Erschließung

1 Wiederholen Sie, in welcher Beziehung der Sprecher zu Gaius Fannius und Quintus Mucius steht.
2 Stellen Sie das Wortfeld zu *amare* graphisch dar.
3 Benennen Sie alle im Text vorkommenden Pronomina.

Cicero, Laelius de amicitia 100[1]

100 (…) Sed nescio quo pacto ab amicitiis perfectorum hominum, id est sapientium (de hac dico sapientia, quae videtur in hominem cadere[2] posse), ad leves amicitias defluxit oratio. Quam ob rem ad illa prima[3] redeamus eaque ipsa concludamus aliquando. Virtus, virtus, inquam, C. Fanni, et tu, Q. Muci[4], et conciliat amicitias et conservat. In ea[5] est enim convenientia rerum, in ea[5] stabilitas, in ea[5] constantia; quae cum se extulit et ostendit suum lumen et idem aspexit agnovitque in alio, ad id se admovet vicissimque accipit illud, quod in altero est; ex quo exardescit sive amor sive amicitia; utrumque enim dictum[6] est ab amando; amare autem nihil est aliud nisi eum ipsum diligere, quem ames, nulla indigentia, nulla utilitate quaesita[7]; quae tamen ipsa efflorescit ex amicitia, etiamsi tu eam minus secutus sis.

nesciō quō pactō irgendwie
perfectus, -a, -um vollkommen

conclūdere, concludō, conclūsī, conclūsum zum Schluss kommen
inquam sagte ich

convenientia, -ae *f.* Übereinstimmung
stabilitās. -ātis *f.* Festigkeit
cōnstantia, -ae *f.* Standhaftigkeit
āgnōscere, āgnōscō, āgnōvī āgnitum erkennen, kennenlernen
vicissim *Adv.* wechselseitig
exardēscere, exardēsco, exārsī, exārsūrus heiß werden, erregt werden, entbrennen
sīve … sīve sei es, dass … oder dass
indigentia, ae *f.* Bedürfnis
efflōrēscere, -flōrēscō, -flōruī aufblühen

1 *Kapitel 101 ist ausgelassen, da es nur Beispiele und Namen enthält.* – 2 **in hominem cadere** auf den Menschen zutreffen – 3 **ad illa prima** zu jenen ersten Gedanken – 4 **C. Fannī, Q. Mūcī** *Vokative* – 5 *erg.* **virtūte** 6 **dictum est ab** ist (sprachlich) abgeleitet von – 7 ohne jedes Bedürfnis und ohne irgendeine Nützlichkeitserwägung *(Abl. abs./Abl. m. Präd.)*

Analyse und Interpretation

4 Benennen Sie Stilmittel und interpretieren Sie ihren Gebrauch.
5 Arbeiten Sie die Definition des Begriffes *amicitia* heraus.

GRUND- UND LERNWORTSCHATZ

senex, senis m.	Greis, alter Mann
cadere, cadō, cecidī, casūrus	fallen
dēfluere, dēfluō, dēflūxī	herabfließen
lūmen, lūminis *n.*	Licht
admovēre, admoveō, admōvī, admōtum	heranbewegen
etiamsī	wenn auch, obgleich
aequalis, -e	gleich, gleichzeitig

Virtus wurde auch als personifizierte Gottheit verehrt, wie dieser Weihestein aus dem 3. Jh. n. Chr. zeigt. Römisch-Germanisches Museum Köln; CIL XIII 8513.

11.2 Freundschaft über den Tod hinaus

Laelius beschreibt schließlich seine Freundschaft zu Scipio. Dabei wird klar, dass *Laelius* diese Freundschaft als vollkommen und deswegen als vorbildhaft beschreibt. Zum Schluss ermahnt der alte Laelius seine jüngeren Gesprächspartner, der *virtus* einen sehr hohen Rang einzuräumen, weil sich nur auf ihr wahre Freundschaft gründen kann.

Sprachliche und inhaltliche Erschließung

1 Wiederholen Sie, was Sie am Anfang der Lektüre über Scipio und Laelius in Erfahrung gebracht haben.
2 Stellen Sie alle Futurformen aus Kapitel 102 zusammen.

Cicero, Laelius de amicitia 102–104

102 Sed quoniam res humanae[1] fragiles caducaeque sunt, semper aliqui anquirendi sunt, quos diligamus et a quibus diligamur; caritate enim benevolentiaque sublata omnis est e vita sublata iucunditas. Mihi quidem Scipio, quamquam est subito ereptus, vivit tamen semperque vivet; virtutem enim amavi illius viri, quae exstincta non est; nec mihi soli versatur ante oculos, qui illam semper in manibus habui[2], sed etiam posteris erit clara et insignis. Nemo umquam animo aut spe maiora suscipiet, qui sibi non illius memoriam atque imaginem proponendam putet.

fragilis, -e zerbrechlich, brüchig
cadūcus, -a, -um vergänglich
anquīrere, anquīrō, anquīsīvī, anquīsītum suchen
īnsīgnis, -e auffallend, deutlich

103 Equidem ex omnibus rebus, quas mihi aut fortuna aut natura tribuit, nihil habeo, quod cum amicitia Scipionis possim comparare. In hac[3] mihi de re publica consensus, in hac[3] rerum privatarum consilium, in eadem[3] requies plena oblectationis fuit. Numquam illum ne minima quidem re offendi, quod quidem senserim, nihil audivi ex eo ipse, quod nollem; una domus erat, idem victus, isque communis, neque solum militia, sed etiam peregrinationes rusticationesque communes.

104 Nam quid ego de studiis dicam cognoscendi semper aliquid atque discendi? In quibus remoti ab oculis populi omne otiosum tempus contrivimus. Quarum rerum recordatio et memoria si una cum illo occidisset, desiderium[4] coniunctissimi atque amantissimi viri ferre nullo modo possem. Sed nec illa exstincta sunt aluntur que potius et augentur cogitatione et memoria mea, et si illis plane orbatus essem, magnum tamen adfert mihi aetas ipsa solacium. Diutius enim iam in hoc desiderio esse non possum. Omnia autem brevia tolerabilia esse debent, etiamsi magna sunt.

Haec habui de amicitia, quae dicerem. Vos autem hortor, ut ita virtutem locetis, sine qua amicitia esse non potest, ut ea excepta nihil amicitiā[3] praestabilius putetis.

requiēs, -ēī *f.* Erholung
oblectātiō, -ōnis, *f.* Genuss, Unterhaltung
victus, -ūs m Lebensunterhalt, Nahrung
mīlitia, -ae *f.* Kriegsdienst
peregrīnātiōnēs rūsticātiōnēsque Reisen und Aufenthalte auf dem Lande
remōtus ab fernab von
(tempus) conterere, conterō, contrīvi, contrītum (Zeit) verbringen
recordātiō, -ōnis *f.* Erinnerung
orbātus *m. Abl.* einer Sache beraubt
locāre *hier* einen (hohen) Stellenwert einräumen
praestābilis, -e vorzüglich

---

1 rēs hūmānae die menschlichen Lebensumstände – **2 in mānibus habēre** vor Augen haben – **3** *gemeint ist* **amīcitiā Scīpiōnis** – **4 dēsīderium coniūnctissimī atque amāntissimī virī** *(Gen. obi.)* die Sehnsucht nach einem sehr eng verbundenen und innig geliebten Mann – **5 amicitiā** *Abl. comparationis*

Interpretation

3 Beschreiben Sie das Verhältnis zwischen Laelius und Scipio.
4 Arbeiten Sie heraus, welche Rolle die *virtus* in der Freundschaft zwischen Scipio und Laelius hatte.
5 Fassen Sie den Text in eigenen Worten zusammen.
6 Erläutern Sie, wie Titus Pomponius Atticus, dem ja die gesamte Schrift gewidmet ist, diese letzten Kapitel verstanden haben kann.
7 Vergleichen Sie diesen Text mit Peter Maffays Lied „So bist du" (S. 70).

GRUND- UND LERNWORTSCHATZ

quoniam	da nun, als nun
tollere, tollō, sustulī, sublātum	heben, in die Höhe heben; entfernen, beseitigen
iūcunditās, -ātis *f.*	Annehmlichkeit, Fröhlichkeit
suscipere, suscipiō, suscēpī, susceptum	aufrecht erhalten, auffangen; beginnen, unternehmen
prōpōnere, prōpōnō, prōposuī, prōpositum	vorlegen, hin-, aufstellen

Peter Maffay: So Bist du

Peter Maffay; Album: Heute Vor 30 Jahren

Du gibst alles, wenn du gibst
Du verlierst dich, wenn du liebst.
Junges Mädchen, reife Frau und doch Kind
Das bist du, du nur du.
Wenn mich deine Hand berührt
Und ich deine Wärme spür,
Dann weiß ich, was auch geschieht – es wird gut.
So bist du, du nur du.
Und wenn ich geh, dann geht nur ein Teil von mir.
Und gehst du, bleibt deine Wärme hier.
Und wenn ich wein, dann weint nur ein Teil von mir
Und der andre lacht mit dir.
Du verlangst oft viel von mir,
Doch ich spür die Kraft in dir
Und weiß: Du verlangst nie mehr, als du gibst.
So bist du, du nur du.
Du sagst immer was du denkst.
Und die Liebe, die du schenkst,
Ist so zärtlich und so gut und so tief.
So bist du, du nur du.
Und wenn ich geh, dann geht nur ein Teil von mir.
Und gehst du, bleibt deine Wärme hier.
Und wenn ich schlaf, dann schläft nur ein Teil von mir,
Und der andre träumt mit dir.
Und wenn ich geh, dann geht nur ein Teil von mir.
Und gehst du, bleibt deine Wärme hier.
Und wenn ich schlaf, dann schläft nur ein Teil von mir,
Und der andre träumt mit dir.
Und wenn ich sterb, dann stirbt nur ein Teil von mir.
Und stirbst du, bleibt deine Liebe hier.
Und wenn ich wein, dann weint nur ein Teil von mir,
Und der andre lacht mit dir.

Vokabeltrainer

Hinweise zur Benutzung des Vokabeltrainers

Der Vokabeltrainer enthält alle Lernwörter Ihrer Lateinlektüre. Mit ihr können Sie die Vokabeln leicht und effektiv lernen und wiederholen. Im Internet finden Sie die Software hierzu. Einfach auf www.klett.de gehen und den Online-Link **623166-0001** in das Suchfeld (links oben auf der Seite) eingeben.

Zum Aufbau:
Nach dem Start kommen Sie zur Trainingsauswahl. Sie entspricht dem Inhaltsverzeichnis der Lektüre. So können Sie das Kapitel, dessen Vokabeln Sie lernen wollen, direkt anwählen („Training starten"). Jede Vokabelbox entspricht einem Kapitel. Sie enthält für jede Vokabel ein Vokabelkärtchen. Jedes Kärtchen trägt den Titel und die Nummer des Kapitels oder des Textes, dessen Vokabeln Sie lernen wollen. Auf der Vorderseite steht die Vokabel, die im Text neu vorkommt und zum Lernvokabular gehört. Auf der Rückseite steht die deutsche Übersetzung. Der Vokabeltrainer folgt dem bewährten Prinzip: Alle Vokabeln, die Sie leicht behalten können, werden zunächst nicht wiederholt und alle, die Schwierigkeiten machen, immer wieder.

Und so erfolgt die Arbeit mit dem Vokabeltrainer:
Alle neuen Karten sind zunächst in Fach 1. Sie lesen auf der Vorderseite der ersten Karte die lateinische Vokabel. Dann überlegen Sie, wie die Vokabel auf Deutsch heißt. Sie drehen die Karte um und kontrollieren, ob Ihre Antwort richtig war: War sie richtig, wandert die Karte automatisch in das Fach 2. War sie falsch, bleibt die Karte in Fach 1. Fach 2 können Sie erst dann bearbeiten, wenn hier alle Kärtchen vollzählig angekommen sind, wenn Sie also alle Vokabeln einmal richtig übersetzt haben. Jetzt geht es weiter: Die Kärtchen, die richtig waren, wandern weiter in das Fach 3; die, die falsch waren, gehen zurück in das Fach 1. Fach 3 wird wiederum erst dann bearbeitet, wenn es vollzählig ist. Und so geht es weiter bis zum Fach 5.

Bei jedem Fach gilt:
Bei einer falschen Antwort wandert die Karte in das Fach 1 zurück. So wird sichergestellt, dass Sie auch wirklich alle Vokabeln lernen.
Wenn Sie eine Vokabelbox vollständig gelernt haben, haben Sie die folgenden Möglichkeiten: Sie können die Lernrichtung ändern (also Deutsch → Latein), das Training wiederholen oder in der Trainingsauswahl ein weiteres Training starten.
Die „Trainingsauswahl" gibt eine Reihenfolge vor, in der die angegebenen Vokabeln gelernt werden. Sie können aber eigene Kombiboxen zusammenstellen und selbst Vokabeln ergänzen, die Sie zusätzlich üben wollen.
Wichtig ist, dass Sie mit dem Vokabeltrainer regelmäßig arbeiten. Schon fünf bis zehn Minuten täglich reichen aus.

Online-Link 623166-0001

Lernwortschatz

Der Lernwortschatz in alphabetischer Reihenfolge

A

absurdus, -a, -um	abwegig, unpassend, ungereimt
acerbitas, -atis *f.*	Strenge, Bitterkeit
adhibēre, adhibeō, adhibuī, adhibitum	anwenden, verwenden, heranziehen
adipīsci, adipīscor, adeptus sum	einholen, erhalten
adiuvō, adiūvī, adiūtum *mit Akk.*	unterstützen, helfen
adlicere (= allicere), adliciō, allēxī, allectum	anlocken, anziehen
admīrābilis, -e	bewundernswert
admīrātiō, -ōnis *f.*	Bewunderung, Interesse
admovēre, admoveō, admōvī, admōtum	heranbewegen
adsentāri, adsentor, adsentātum	zustimmen
aequalis, -e	gleich, gleichzeitig
aequitās, -ātis *f.*	Geduld, Gleichmut
afferre, afferō, attulī, allātum	herbeitragen
āgnōscere, āgnōscō, āgnōvī, āgnitum	erkennen, wahrnehmen, zugeben
allectāre, allectō, allectāvī, allectātum	anlocken
amābilis, -e *Adv.*	liebenswürdig
amplificāre, amplificō, amplificāvi, amplificātum	erweitern, vergrößern, heben
animadvertere, -vertō, -vertī, -versum	erkennen, bemerken
anquirere, anquirō, anquīsīvī, anquīsītum	aufsuchen, erforschen
antepōnere, -pōnō, -posuī, -positum	vorsetzen, voranstellen, vorziehen
appetēns, appetentis	begierig (nach)
applicāre, applicō, applicāvī, applicātum	heranbringen, anschließen, anfügen
arbitrātus, arbitrātūs *m.*	Belieben, Meinung
arguere, arguō, arguī, argūtum	darlegen, kritisieren, als falsch erweisen
ascendere, ascendō, ascendī, ascensum	besteigen, erklimmen
asperitās, -ātis *f.*	Rauheit, Härte
assentīri, assentior, assēnsus sum	beistimmen, zustimmen, beipflichten

B

benevolentia, -ae *f.*	Wohlwollen, Gewogenheit

C

cadūcus, -a, -um	fallend, gefallen
callidus, -a, -um	schlau, listig, eingeübt
capitālis, capitāle	Lebens… / Todes…
cāritās, -tātis *f.*	hoher Preis, Hochachtung, Liebe
certāmen, certāminis *n.*	Wettkampf, Schlacht
cogitātiō, -ōnis *f.*	Überlegung, Vorhaben

comitāri, comitor, comitātus sum	begleiten
cōmitās, cōmitātis *f.*	Fröhlichkeit, Freundlichkeit
communicāre, -cō, -cāvi, -cātum	gemeinsam machen, Anteil geben
commūtātio, -ōnis *f.*	Veränderung, Wechsel
concēdere, concēdō, concessī, concessum	zugestehen
conciliāre	vereinigen, verbinden
congerere, congerō, congessī, congestum	zusammentragen, (über-)häufen, beimessen
congressus, -ūs *m.*	Zusammentreffen
coniunctiō, -ōnis *f.*	Verbindung
conquiēscere, conquiēscō, conquiēvī, conquiētūrus	zur Ruhe gehen, ausruhen, ruhen
cōnsēnsiō, -ōnis *f.*	Übereinstimmung, Einigkeit
consentīre, consentiō, consēnsī, consensum	übereinstimmen, sich einigen
cōnsequi, -sequor, -secūtus sum	erreichen
considerāre	überlegen, prüfend beobachten
cōnsuētūdō, cōnsuētūdinis *f.*	Gewohnheit
contemnere, contemnō, contempsī, contemptum	geringschätzen, verachten
contentiō, contentiōnis *f.*	Streit, Wettkampf
convincere, convincō, convīcī, convictum	jmd. einer Schuld / eines Irrtums überführen; beweisen
cum ... tum	und wenn schon ... dann besonders

D

dēbilitāre, dēbilitō, dēbilitāvī, dēbilitātum	schwächen, beschädigen, verletzen
dēflūere, dēfluō, dēflūxī, defluctum	herabfließen, herabfallen, abweichen
dēsīderium, -ī *n.*	Sehnsucht, Verlangen, Wunsch
diffluere, diffluō, difflūxī	auseinanderfließen, sich auflösen, verschwinden
dīligentia, -ae *f.*	Sorgfalt, Gründlichkeit
discidium, -iī *n.*	Trennung, Auflösung
discordia, -ae *f.*	Uneinigkeit
disiunctio, -onis *f.*	Trennung
disputāre, disputō, disputāvī, disputātum	erörtern, diskutieren
disputātio, disputātiōnis *f.*	(philosophisches) Streitgespräch, (wissenschaftliche) Untersuchung
dissēnsio, -iōnis *f.*	Streit, Uneinigkeit, Meinungsverschiedenheit
disserere, disserō, disseruī, dissertum	erörtern, besprechen
dissuādere, dissuādeō, dissuāsī, dissūasum	abraten

E

efficere, efficiō, effēcī, effectum	hervorbringen, schaffen, bewirken, *(+ dopp. Akk.):* machen zu
egēre, egeō, eguī *m. Abl.*	brauchen, benötigen
ēligere, ēligō, ēlēgī, ēlectum	aussuchen, (aus)wählen
ēluere, ēluō, ēluī, ēlūtum	(Freundschaft) auflösen
ēnīti, ēnītor, ēnīxus (ēnīsus) sum	sich anstrengen, emporarbeiten
etiamsī	wenn auch, obgleich
ēvenit *(unpersönlich)*	es tritt ein, ereignet sich, passiert

ēvertere, ēvertō, ēvertī, ēversum	umstürzen, zerstören, umdrehen
ēvomere, ēvomō, ēvomuī, ēvomitum	erbrechen, ausspeien
exardēscere, exardēsco, exarsī, exarsum	entbrennen, ergriffen werden
excellere, excellō, excelsī, excelsum	hervorragen, hervortun
exceptiō, -iōnis *f.*	Ausnahme, Einwand
exclūdere, exclūdō, exclūsī, exclūsum	aussperren
eximere, eximō, exēmī, exeptum	wegnehmen, entziehen
experiēns, -entis	unternehmend, tätig
expetere, expetō, expetīvī, expetītum	streben nach, begehren
extollere, extollō, extūlī	emporheben, erheben

F

fallāx, fallācis	(be)trügerisch, täuschend, hinterhältig
firmus, -a, -um	fest, stark, zuverlässig, sicher
frūctuōsus, -a, -um	fruchtbar, ertragreich
fructūs, -ūs *m.*	Genuss, Ertrag, Gewinn, Frucht
frui, fruor, fruitus (fructus) sum *m. Abl.*	nutzen, gebrauchen, bedienen

G

gīgnere, gīgnō, genuī, genitum	zeugen, gebären, hervorbringen

H

haudquaquam *Adv.*	keineswegs
humilis, -e	niedrig

I

ignorātiō, -nis *f.*	Unkenntnis, Unwissenheit
illūdere, illūdō, illūsī, illūsum	verspotten, betrügen
imbēcillitās, -ātis *f.*	Schwäche
immānitās, -ātis *f.*	Grausamkeit, Unmenschlichkeit
impertīre, impertīō, impertīi, impertītum	zuteilen, mitteilen
in posterum	für die Zukunft, in Zukunft
indigentia, -ae *f.*	Bedarf, Bedürfnis, Not
īnferior, -ius	niedriger, geringer, schwächer
īnferus, -a, -um	der, die, das untere
īnfīdus, -a, -um	untreu
īnfīnītus, -a, -um	unbegrenzt
ingēns, *Gen.* **ingentis**	riesig
inimicītia, inimicītiae *f.*	Feindschaft
īnsinuāre, īnsinuō, īnsinuāvī, īnsinuātum	eindrängen, eindringen
integritās, -ātis *f.*	Redlichkeit
intemperātus, -a, -um	unmäßig, übertrieben
internōscere, internōscō, internōvī	sich voneinander unterscheiden
interpretāri, interpretor, interpretātus sum	deuten, erklären
invehi, invehor, invexī, invectum	angreifen, hineinführen, einbringen
iūcunditās, -ātis *f.*	Annehmlichkeit, Fröhlichkeit
iūcundus, -a, -um	erfreulich, angenehm

L	
levitās, -ātis *f.*	Leichtigkeit, Leichtsinn
liberālitās, -ātis *f.*	edle Gesinnung, Güte
lītigāre, lītigō, lītigāvī, lītigātum	streiten

M	
māgnificentia, -ae *f.*	Herrlichkeit, Pracht, Großartigkeit
māiestas, māiestātis *f.*	Größe, Würde
mediocris, -e	mittelmäßig, gering
melior, -ius (*Komp. zu* bonus)	besser
memoriae mandāre	auswendig lernen
mentiō, mentiōnis *f.*	Erwähnung, Erinnerung, Anregung
mētīri, mētior, mēnsus sum	messen, beurteilen
mihi ... solet	ich bin es gewohnt
molestus, -a, -um	lästig, verdrießlich, unangenehm
multiplex, -plicis	vielfältig, vielfach, mannigfaltig

N	
mūtuus, -a, -um	gegenseitig
nancīsci, nanciscor, na(n)ctus sum	zufällig erreichen, finden
necessitūdō, -inis *f.*	enges Verhältnis, Verwandtschaft
nequīre, nequeō, nequīvī, nequītum	nicht können
neuter, neutra, neutrum	kein(er) (von beiden)
nocēre, nocēo, nocuī, nocitum	schaden, Unrecht tun
nusquam	nirgends

O	
obiūrgāre, obiurgō, obiūrgāvī, obiūrgātum	tadeln, mahnen
ōdiōsus, -a, -um	verhasst, hasserfüllt, widerwärtig
offēnsio, -ōnis *f.*	das Anstoßen

P	
pār, paris (*Adv.* pariter)	gleich
pati, patior, passus sum	erlauben, zulassen, erleiden
peccātum, -ī *n.*	Vergehen, Sünde
perīclitāri, perīclitor, perīclitātus sum	versuchen, auf die Probe / aufs Spiel setzen
permanēre, permaneo, permānsi, permānsum	verbleiben,verharren
perpendere, perpendō, perpendī, perpēnsum	genau abwägen, genau untersuchen
plerusque, pleraque, plerumque	*Sing.* sehr viel, der größte; *Pl.* die meisten
postremō *Adv.*	schließlich, zuletzt
potis, -e	im Stande, fähig
potius	eher
praeditus, -a,- um *mit Abl.*	ausgestattet mit, begabt mit
praepōnere, praepōno, praeposuī, praepositum	voransetzen
praestantia, -ae *f.*	Vorzüglichkeit, Vortrefflichkeit
probitās, -tātis *f.*	Redlichkeit, Anständigkeit
proficīscī, proficīscor, profectus sum	herkommen, entspringen

profitēri, profiteor, professus sum	sich öffentlich bekennen zu, verkünden
propinquitās, -ātis *f.*	Nähe, Nachbarschaft, Verwandtschaft
prōpōnere, prōpōnō, prōposuī, prōpositum	vorlegen, hin-, aufstellen
prōsequi, prōsequor, prōsecūtus sum	begleiten, verfolgen, widmen
prōvehi, prōvehor, provectus sum	hinausfahren, zu weit gehen, vorrücken
prūdēns, prūdentis	wissentlich, klug, absichtlich
Q	
quātenus	wie weit?
quem ad modum	wie, nach welcher Art
querēl(l)a, -ae, *f.*	Klage, Beschwerde
quoniam	da nun, als nun
quot	wie viele
R	
reficere, reficiō, refēcī, refectum	wiederherstellen
remissus, -a -um	schlaff, mild, sanft, ruhig
repōscere, repōscō	zurückfordern, zurückverlangen
repudiāre, repudio, repudiāvi, repudiātum	ablehnen
rēs adversae	Unglück, schlechte Umstände
rēs secundae	Glück, glückliche Lebensbedingungen
S	
saepe, saepius, saepissimē *Adv.*	oft
scaena, -ae *f.*	Theater, Bühne, Schauspiel
serpere, serpō, serpsī	kriechen, sich schlängeln
similitūdō, -dinis *f.*	Ähnlichkeit
sincērus, -a, -um	aufrichtig, echt
societās, -tātis *f.*	Gemeinsamkeit, Bündnis
solitārius, -a, -um	allein, einsam, einzeln
stabīlitās, -tātis *f.*	das Feststehen, die Festigkeit
stirps, stirpis *f.*	Abstammung
submittere, submittō, submīsī, submissum	unterordnen
suppeditāre	zur Verfügung stellen; ausreichen, genügen
supplicāre	demütig bitten, (an)flehen, beten
suscipere, suscipiō, suscēpī, susceptum	aufrecht erhalten, auffangen; beginnen, unternehmen
T	
temeritās, -ātis, *f.*	Zufall
tolerābilis, -e	erträglich, leidlich
tollere, tollō, sustulī, sublātum	heben, in die Höhe heben; entfernen, beseitigen
tractāre, tractō, tractāvi, tractātum	behandeln, besprechen, lenken
trānsferre, trānsferō, trānstulī, trānslātum	hinüberbringen, übertragen,
turpitūdō, -inis *f.*	(moralische) Hässlichkeit
U	
ūtilitās, ūtilitātis *f.*	Nutzen, Vorteil

V	
vacāre, vacō, vacāvī, vacātum	frei sein, leer sein, nicht haben
valēre, valeō, valuī	stark sein, imstande sein
valētūdō, -inis *f.*	Vergnügen
vānitās, -tātis *f.*	Nichtigkeit, Schein, Misserfolg
vehementia, -ae *(Adv.) f.*	Heftigkeit, Nachdruck
vicissim *(Adv.)*	andererseits, wiederum
vītālis, vītāle	lebenswert
vitiōsus, -a, -um	fehlerhaft, mangelhaft, lasterhaft

Der Grundwortschatz in alphabetischer Reihenfolge

A	
accēdere, accēdō, accessī, accessum	herankommen, sich nähern
addere, addō, addidī, additum	hinzufügen
adversus, -a,-um	entgegenstehend
aequē	in gleicher Weise, ebenso
aetās, aetātis *f.*	Alter, Leben, Lebenszeit
angustus, -a, -um	eng
appetere, appetō, appetīvī, appetitum	losgehen, angreifen, verlangen
arbitrāri, arbitror, arbitrātus sum	meinen, glauben

B	
beātus, -a, -um	glücklich, bereichert, begütert
beneficium, -iī *n.*	Wohltat

C	
cadere, cadō, cecidī, casūrus	fallen
carēre, careō, caruī *mit Abl.*	frei sein von, entbehren
cavēre, cavēō, cavī, cautum *m. Akk.*	sich hüten (vor)
cernere, cernō, crēvī, crētum	sichten, wahrnehmen, entscheiden
commodum, ī *(n.)*	Vorteil, glücklicher Umstand
cōnsequi,cōnsequor,cōnsecūtus sum	verfolgen, erreichen
cōnstāre, cōnstō, cōnstitī, –	feststehen
cōnsuētūdō, -dinis *f.*	Gewohnheit, Brauch, täglicher Umgang
contemnere, contemnō, contempsī, contemptum	verachten, unterschätzen
contentus, -a, -um *+ Abl.*	zufrieden (mit etw.)
contingere, contingō, contīgī, contāctum	berühren, erreichen; sich ereignen
convertere, convertō, convertī, conversum	(um)wandeln, (um)drehen
cupiditās, cupiditātis *f.*	Verlangen, Gier, Leidenschaft

D	
dēficere, dēficiō, dēfēcī, dēfectum	verlassen, Abstand nehmen, verschwinden
delectāre, delectō, delectāvi, delectātum	erfreuen, unterhalten

dēnique	schließlich
dēsīderāre, dēsīderō, dēsīderāvi, dēsīderātum	verlangen, vermissen, herbeisehnen
dīligēns, -entis	achtsam, sorgfältig, genau
dīligere, dīligō, dīlēxī, dīlēctum	lieben, schätzen
dīvīnus, -a, -um	göttlich, vortrefflich, prophetisch
dolēre, doleō, doluī	schmerzen, bedauern, betrübt sein
dulcis, -e	süß, lieblich, angenehm

E

efficere, efficiō, effēcī, effectum	erreichen, vollenden, bewirken
exigere, exigō, exēgī, exactum	einfordern, hinaustreiben, zu Ende führen
experīri, experior, expertus sum	versuchen, erproben, prüfen

F

familiāris, -e	vertraut, freundschaftlich
fātum, fātī *n.*	Schicksal, Geschick
fēlīx, fēlīcis	glücklich, reich
ferus, -a, -um	wild, unmenschlich
fingere, fingō, finxī, fictum	(ein-)bilden, formen

H

honor, -is *m.*	Ehre, Ansehen, Ehrenamt

I

idōneus, -a, -um	geeignet
igitur	daher, also, demnach, folglich
īgnis, -is *m.*	Feuer
impedīre, impedīō, impedīvi, impedītum	(ver)hindern, hinderlich sein
incipere, incipiō, incēpī, inceptum	anfangen
ingenium, -ī *n.*	Charakter, Verstand, Talent, Geist
inīre, ineō, iniī (inivī), inītus	einziehen, anfangen
inopia, -ae *f.*	Mangel, Not, Armut
intuēri, intueor, intuitus sum	ansehen, betrachten
iudicāre, iudicō, iudicāvī, iudicātum	urteilen, entscheiden
iūdicium, -ī *n.*	Urteil, Gericht

L

lacrima, -ae *f.*	Träne
latus, lateris *n.*	Seite
levis, -e	leichtsinnig, unbeständig
libēns, Gen.: libentis	gern, freudig, bereitwillig
libīdō, -dinis *f.*	Lust, Begierde
loquī, loquor, locūtus sum	sprechen
lūmen, lūminis *n.*	Licht

M

magis *Adv.*	viel mehr, mehr
meminisse	sich erinnern, gedenken

memor, memoris	sich an etwas / jmd. erinnernd
metuere, metuō, metuī	fürchten, befürchten
mīrāri, mīror, mīrātus sum	wundern
mīrus, -a,- um	verwunderlich, erstaunlich
mōs, mōris *m.*	Gewohnheit, Wille
mūnus, -eris *n.*	Leistung, Gabe, Geschenk, Pflicht
N	
nāsci, nāscor, nātus sum	geboren werden, wachsen, entstehen
neglegēns, -entis	gleichgültig, fahrlässig
O	
ōdisse, ōdī	hassen
odium, -iī *n.*	Abneigung, Hass
officium, -ī *n.*	Dienst, Pflicht
omittere, omittō, omīsī, omissum	auslassen, nicht berücksichtigen
omnino *Adv.*	allerdings, im Ganzen, überhaupt
opera, -ae *f.*	Arbeit, Mühe, Bemühung
opināri, opinor, opinātus sum	vermuten, meinen
oportēre, oportet, oportuit	nötig sein, sollen, nicht dürfen
ops, opis *f.*	Bemühung, Kraft, Reichtum
opus, -eris *n.*	Arbeit, Werk
ōrdō, ōrdinis *m.*	Stand, Gesellschaft
ostendere, ostendō, ostendī, ostentum	vorhalten, zeigen, wissen lassen, darlegen
P	
parere, pariō, peperī, partum	gebären, hervorbringen
pati, patior, passus sum	erdulden, zulassen, ertragen, sich gefallen lassen
peccāre	einen Fehler machen
peccāre, peccō, peccāvi, peccātum	verkehrt handeln, Fehler machen, sündigen
perspicere, perspiciō, perspēxī, perspectum	besichtigen, beschauen
pertinēre, pertineō, pertinuī	sich erstrecken / beziehen auf, betreffen, reichen
postulāre	beanspruchen, fordern, verlangen
potius	vielmehr, eher, lieber
praecipere, praecipiō, praecēpī, praeceptum	befehlen
praestāre, praestō, paestitī, praestitum	sich auszeichnen, überlegen, (*3. Sg.* es ist besser)
praeterea *Adv.*	außerdem, weiter, ferner
providere, prōvideō, -vīdī, -vīsum	vor sich sehen, in der Ferne sehen
Q	
queri, queror, questus sum	(be-)klagen, (be-)jammern
quīre, queō, quīvī, quitum	können, imstande sein
quisquam, quaequam, quicquam	irgendjemand, irgendetwas
quisque	jeder einzelne, jeder für sich
quōniam	als, nachdem, da nun
rārus, -a, -um	selten, locker, dünn
reperire, reperiō, repperī, repertum	wieder zum Vorschein bringen, finden, wiederfinden, (er)finden

S	
saepius *(Komparativ v.* saepe*)*	öfter
sānē *Adv.*	vernünftig
senex, senis *m.*	Greis, alter Mann
sēnsus, -ūs *m.*	Sinn, Empfindung, Eindruck
sententia, -ae *f.*	Meinung, Ansicht
sentīre, sentiō, sēnsī, sēnsum	wahrnehmen, fühlen
sermō, -ōnis *m.*	Rede, Gespräch, Unterhaltung
simul *Adv.*	zusammen, zugleich
solēre, soleō, solitum	pflegen, gewohnt sein
statuere, statuō, statuī, statūtum	errichten, beschließen
studium, -ī *n.*	Bestreben, Eifer
superbus, -a, -um	hochmütig, stolz
sustinēre, sustineō, sustinuī	aushalten, aufrechthalten, tragen

T	
tālis, -e	solch, so beschaffen
tamquam *(vergleichend)*	so wie, als, wie, gleichwie, wie wenn
turpis, -e	hässlich, entstellt

U	
uterque, utraque, utrumque	jeder von beiden, beide
ūti, ūtor, ūsus sum *mit Abl.*	benutzen

V	
valēre, valeō, valuī	stark sein, Einfluss haben
vel ... vel	teils ... teils
verēri, vereor, veritus sum	sich scheuen, sich fürchten
vitium, -ī *n.*	Fehler, Mangel
voluntās, -tātis *f.*	Wille, Absicht
vulgus, -ī *n.*	das einfache Volk

Literaturhinweise

Textausgabe

Marcus Tullius Cicero, *Laelius de amicitia*, hg. von J. G. F. Powell, Oxford 2006

Marcus Tullius Cicero, *Cato maior. Laelius* übersetzt von Max Faltner, hg. von Rainer Nickel, Tusculum, Oldenbourg-Verlag, Berlin [5]2011

Übersetzung

Marcus Tullius Cicero, Laelius – Über die Freundschaft, hg. von Robert Feger, Stuttgart 1995

Allgemein zu Cicero und der späten römischen Republik

Karl Christ, Krise und Untergang der römischen Republik, 5. Aufl., Darmstadt 2007

Manfred Fuhrmann, Geschichte der römischen Literatur, Stuttgart 2005

Manfred Fuhrmann, Cicero und die römische Republik. 4. Aufl., Düsseldorf 2005

Wilfried Stroh, Cicero – Redner, Staatsmann, Philosoph, 2. Aufl., München 2010

Weiterführende Literatur

Karl Büchner, Der Laelius Ciceros. In: Museum Helveticum, Bd. 9, 1952, S. 88–106.

Dorothee Gall, „Amicitia vera et perfecta"? Zum Freundschaftskonzept in Ciceros Dialog Laelius de amicitia, in: Zwischen Pisa und Athen. Antike Philosophie im Schulunterricht, hg. von B. Reis, Göttingen 2007, S. 157–178.

Konrad Heldmann, Ciceros Laelius und die Grenzen der Freundschaft. Zur Interdependenz von Literatur und Politik 44/43 v. Chr. In: Hermes, Bd. 104, 1976, S. 72–103.

W. Ricken, Zur Entstehung des Laelius de amicitia, in: Gymnasium 62 (1955), S. 360–374.